# AI와 중국 법

## AI문고

인공지능 시대입니다. 기계가 인간의 인지를 대신하고, 사물이 인간을 통하지 않고 다른 사물과 직접 커뮤니케이션합니다. 이에 따른 인간 삶과 문명 변화를 정확히 이해·예측·대응하는 것은 이 시대 우리 모두의 과제입니다. AI문고는 인공지능 기술과 환경의 여러 주제를 10가지 키워드로 정리합니다. 관련 개념과 이론, 학계와 산업계의 쟁점, 우리 일상의 변화를 다룹니다. 인간과 기술의 현재, 미래를 세심히 분석합니다.

## 일러두기

- 인명, 작품명, 저서명, 개념어 등은 한글과 함께 괄호 안에 해당 국가의 원어를 병기했습니다.
- 외래어 표기는 현행 어문규정의 외래어표기법을 따랐습니다.
- 3장 개인 정보 보호와 활용의 균형 모색, 개인정보보호법은 이상우(2021). "중국 개인정보보호법의 시사점" ≪KISO저널≫ 제45호에 수록된 내용 중 일부를 발췌했습니다.
- 4장 데이터 법의 역외 적용과 법률전은 이상우(2022). "중국 데이터법의 역외 적용" ≪법학논총≫ 제54집에 수록된 내용 중 일부를 발췌했습니다.
- 6장 허위 정보 대응을 위한 딥페이크 규제는 이상우(2025). "인공지능과 신(新)안보규범" 인하대학교 법학연구소 AI·데이터법 센터 편 『인공지능법2』에 수록된 내용 중 일부를 발췌했습니다.
- 9장 생산의 3요소와 데이터는 이상우(2024.5.29.). "AI 시대, 중국 데이터 정책 동향의 이해" 중국전문가포럼에 기고한 내용 중 일부를 발췌했습니다.

처음이세요?

전문가세요?

# AI와 중국 법

이상우

대한민국, 서울, 커뮤니케이션북스, 2025

# AI와 중국 법

지은이 이상우
펴낸이 박영률

초판 1쇄 펴낸날 2025년 3월 31일

커뮤니케이션북스(주)
출판 등록 2007년 8월 17일 제313-2007-000166호
02880 서울시 성북구 성북로 5-11
전화(02) 7474 001, 팩스(02) 736 5047
commbooks@commbooks.com
www.commbooks.com



ISBN 979-11-7307-963-4 03500

책값은 뒤표지에 표시되어 있습니다.

# 차례

# AI와 국가 안보

지난겨울, 중국 상해에서 개최된 한 · 중 국제 학술 대회에 발제자로 나설 기회를 얻었다. '제2회 한 · 중 데이터 인텔리전스 법제 포럼(第二届中韩数据智能法律论坛)'으로 명명된 학술 대회의 취지에 맞춰 당시 연구하던 내용을 정리해 '중국 사이버 안보 패러다임 변화와 시사점'이라는 주제를 준비했다. 발표의 주요 내용으로 중국의 국가 안보 관련 입법 동향 분석을 통해 시사점을 도출하고, 인공지능(AI) 시대를 맞이해 우리나라가 구축해야 할 거버넌스(governance)에 대한 제언을 담았다.

학술 대회 참석을 위해 한국에서부터 동행한 분들과 중국 현지 한인 분들을 포함해 총 10여 분의 한국인을 제외하고 대강당에 모인 현장 참석자 대부분은 중국 교수와 대학원생이었다. 발제에 앞서 발표 자료를 검토하고 있던 나에게 자료집을 살펴보던 한국 변호사가 어떻게 중국의 안보에 관한 주제를 발표하게 되었냐고 물어보았다. 중국에서 중국인을 대상으로 중국어로 발표하는 주제가 중국의 국가 안보 법제에 관한 내용이라 관심을 가졌던 것 같다.

보통 발제의 세부 내용이나 추가 견해에 대해 질문을 받는 게 일반적이었기 때문에 주제 선정에 관한 물음에는 바로 답변하지 못하고 당시에는 멋쩍게 웃어넘겼다. 다만 단상에 오르기 전까지도 머릿속에 질문이 맴돌아 주제 선정 과정을 돌이켜 보았다. 정확히 이것 때문이다 하고 정리된 것은 없었지만 짧게 몇 가지 생각이 스쳐 지나갔다. 지난 몇 년간 중국의 AI, 데이터 법과 정책을 연구해 왔기 때문에 중국 전문가의 의견을 들어 보고 싶다는 생각도 있었고, 발제를 준비하던 시기에 연구하던 내용이었기 때문에 기계적으로 선정했던 것도 같다. 학술대회를 마치고 난 뒤 현지 일정 중에도 질문이 뇌리에 남았다. 아마 나 자신에게도 그다지 만족스럽지 못한 대답이었기 때문일 것이다.

국가 안보는 외부의 위협이나 침략으로부터 국가를 지키는 일이라는 사전 의미를 지니며, 일견 냉전 시대의 산물과 같이 느껴지기도 한다. 저자는 인공지능 대전환(AI Transformation, AX)이라 일컬어지는 시대에 AI, 데이터 법을 연구하고 있다. 유럽연합(EU) 「일반개인정보보호법(General Data Protection Regulation)」(GDPR)의 역외 적용에 관한 연구로 박사 학위를 마치고, 2020년 말부터 한·중 법제의 비교 연구를 중점으로 진행해 왔다. 지난 연구 결과에 기반해 AI와 중국 법의 핵심 키워드를 한 가지만 꼽자면 바로 '국가 안보'다. 1949년 신중국 탄생 이후부터 2025년 딥시크(DeepSeek) 출시에 이르기까지 시대를 초월해 국가 안보가 관련 입법과 정책을 관통하고 있다. 이와 같은 연구 경험이 축적되어 (무의식적으로) 그러한 주제를 선정하지 않았나 생각한다. 그러한 연유로 이 책의 시작도 'AI와 국가 안보'를 선택했다.

## 국가 안보와 국가 안전(国家安全)

중국에서는 국가 안보를 '국가 안전(国家安全)'이라 칭한다. 즉 우리의 '안보(安保)'라는 개념을 중국은 '안전(安全)'이라는 용어로 표현하고 있다. 중국에서 '안전'은 "위험이 없는, 위협을 받지 않는, 사고가 일어나지 않는"을 의미하며, '안보'는 "평안, 안전 또는 안정, 평온무사"를 뜻하기 때문에 두 단어의 의미 차이는 크지 않다. 우리나라 표준국어대사전도 '안전'을 "위험이 생기거나 사고가 날 염려가 없음. 또는 그런 상태"로 정의하고 있는 것을 보면 양국의 '안전'이라는 단어 본연의 뜻이 다르지 않다(이상우, 2023).

이에 현행 우리나라 법령상 '안전'과 '안보' 두 용어가 혼용되고 있다. "국가 안보를 위협하는 사이버 공격으로부터 국가 정보 통신망을 보호함을 목적"으로 제정된 '국가사이버안전관리규정'은 '안전'이라는 용어를 사용하고 있으며, 「정부조직법」 제15조에 규정된 '국가안보실'은 미국의 '국가안보국(National Security Agency, NSA)'과 같이 '안보'라는 용어를 사용한다. 정부 기관명으로 확대해 보면 국가정보원 소속 '국가사이버안보센터'도 2021년 1월 1일 명칭을 변경하기 이전까진 '국가사이버안전센터'로 불렸다. 이와 같이 우리나라에도 '안전', '안보'의 개념을 정의하거나 명확히 구분하는 입법례가 존재하지 않는다(황성기, 2019).

중국 법령상 '안전'은 우리나라의 '안전', '안보'과 결을 같이하지만, 어느 하나의 개념에만 국한할 수는 없다고 보아야 할 것이다. 그러한 이유로 이 책에서는 중국의 '安全'이라는 용어를 한국어에서의 한자 독음 그대로 '안전'으로 번역했다(다만 본문을 설명하는 과정에서 우리나라의 '안보', '안전' 또는 '보안'을 사용하는 것이 독자 입장에서 이해하기 쉽다고 판단했을 때는 해당 용어로 표현했음을 밝힌다－저자 주).

## 총체적 국가안전관(总体国家安全观)

중국의 국가 안전 법제는 국가안전기관(国家安全机关)의 방첩 업무를 규정한 「국가안전법(1993)[国家安全法(1993)]」이 시행된 1993년을 시작으로 볼 수 있다. 그로부터 20년 후인 2013년, 에드워드 스노든(Edward J. Snowden)의 내부 고발로 미국 NSA가 비밀 정보 수집 프로그램(Planning tool for Resource Integration, Synchronization and Management, PRISM)을 통해 민간인의 개인 정보를 불법 수집 · 사찰한 사실이 공개되었고, 사이버 공간에서의 비전통적 안보 위협 대응이 세계 주요국의 중요한 정책 과제가 되었다. 이에 중국은 2014년 4월 15일 개최된 중앙국가안전위원회(中国共产党中央国家安全委员会) 제1차 회의에서 시진핑(习近平) 국가주석이 국가 안보를 전방위로 확대하고 전통적 안보와 비전통적 안보 간의 유기적 협력을 강조하는 '총체적 국가안전관(总体国家安全观)'을 발표했다. 이후 중국은 급변하는 기술 환경에 맞게 국가 안전 법제를 전면적으로 제 · 개정했다.

2014년 11월 1일 간첩 행위와 방첩 업무를 규정한 「반간첩법(2014)[反间谍法(2014)]」을 시행함과 동시에 「국가안전법(1993)」은 폐지했다. 이후 '총체적 국가안전관'

이라는 개념을 반영해 새롭게 제정된 「국가안전법(2015)」을 2015년 7월 1일부터 시행함으로써 국가 안보 영역을 전통적 영역(국토 · 군사 등)에서 '사이버 공간'이라는 비전통적 영역으로 확장했다(제25조). 2016년부터 중국의 데이터 3법이라 불리는 「네트워크안전법(网络安全法)」, 「데이터안전법(数据安全法)」, 「개인정보보호법(个人信息保护法)」을 순차로 입법하면서 사이버 공간을 구성하는 네트워크, 데이터, 개인 정보의 보호와 활용을 구체적으로 규정했다(이상우, 2023). AI의 3요소가 데이터(개인 정보), 알고리즘, 컴퓨팅 파워(AI 인프라)인 점을 감안하면 AI와 중국의 법은 이러한 연장선에서 바라보아야 할 것이다.

## 이 책의 구성

2014년 총체적 국가안전관이 발표된 이후 「국가안전법(2015)」에 기반해 진행된 AI 관련 입법을 순차로 살펴본다. 아직 중국은 AI 기본법이 제정되지 않았기 때문에 AI와 본질적으로 밀접한 관련이 있는 네트워크, 데이터, 개인 정보, 알고리즘 등에 관한 법령을 중심으로 검토한다[우리나라는 「인공지능발전과신뢰기반조성등에관한기본법」(「AI기본법」)이 2024년 12월 26일 국회 본회의를 통과해 2026년 1월 22일부로 시행될 예정이다 ― 저자 주].

먼저 중국의 데이터 3법을 구성하는 「네트워크안전법」(1장), 「데이터안전법」(2장), 「개인정보보호법」(3장)을 개별 검토하고, 4장에서 3법의 특징인 역외 적용에 대해 살펴본다[역외 적용이란 역외(자국의 영역 외)에 소재하는 외국인 및 물건, 또는 역외에서 행해지는 행위에 대해 자국 법률을 적용하는 것을 의미하며, 최근 사이버 공간을 규율하는 입법에서 강조되고 있다 ― 저자 주].

빠르게 발전하는 과학 기술은 우리 삶에 편리함을 가져다주기도 하지만 사회 전반에 부작용을 야기할 위험도 크다. 이에 중국은 3법에 기반해 행정 법규 등을 통해 다양한 규제를 시행하고 있다. 중국은 법률 외에도 행정 법규, 지방성 법규 등을 실질적인 의미에서의 '법'으로 간주하기 때문에 의의가 크다(정영진 · 강광문, 2022). 알고리즘(5장), 딥페이크(6장), 안면 인식 기술(7장) 규제를 차례로 검토한다.

AI 기술 발달은 전통적인 안보 법제 변화를 요구하게 되었고, 중국은 「반간첩법(2023)」과 「국가기밀보호법(2024)[保守国家秘密法(2024)]」 개정을 통해 이러한 시대 요구에 부응했다. 8장에서는 과학 기술과 신(新) 안보

이슈를 살펴본다. 코로나19 팬데믹 이후 침체된 경기를 회복하기 위해 데이터를 요소로 하는 '디지털 경제(数据经济)' 활성화가 중요한 정책 과제가 되었다. 이에 중국은 2019년 데이터를 토지, 노동, 자본과 함께 새로운 생산 요소로 규정한바, 9장에서는 AI 시대의 중국 데이터 정책을 검토한다. 중국은 2023년 '생성형AI서비스관리임시방법(生成式人工智能服务管理暂行办法)'('생성형AI임시방법') 제정을 통해 세계 최초로 생성형 AI에 관한 규제를 시행했다. 다만 AI 패권 경쟁 속에서 기술 우위가 국력의 핵심이 되고 있기 때문에 임시방법은 규제와 진흥의 균형을 모색하고 있으며, 그 결과물 중 하나가 딥시크다. 10장에서는 새롭게 제정될 중국의 AI 법을 전망해 본다.

이 책은 법학 전문 서적이 아니다. 집필 과정에서 학술 논문 등 그간의 연구 결과를 참고했지만, 일반 독자의 눈높이에서 쉽게 이해할 수 있도록 풀어쓰고자 했다. 다만 이러한 간극으로 인해, 본 내용을 처음 접하는 독자에게는 여전히 생소한 분야로 느껴질 것 같아 우려된다. 앞으로 총 10장에 걸쳐 상세히 살펴볼 내용이지만 여기서 아주 간단하게 표현하자면, AI, 데이터 법 분야(예를 들어, 중국 당국의 개인 정보에 대한 접근 우려 등)에서 "중국이(니까) 그렇지"라고 표현하는 그 부분이 바로 중국의 관련 입법 및 정책에 반영된 총체적 국가안전관이다. 더구나 중국은 입법 과정에 국가 안보가 강조되는 반면, 우리나라는 그렇지 않기 때문에 한국인 입장에서는 낯설고 거부감이 든다(우리나라는 사이버 공간에서의 안보를 강화하기 위한 국가사이버안보기본법 제정이 답보 상태다－저자 주). 다만 AI 시대가 도래함에 따라 국가 안보를 바라보는 관점에서 양국의 시각 차이가 점차 좁혀지고 있기 때문에 이 책을 통해 전하고자 하는 메시지도 독자들에게 의의가 있을 것으로 기대한다.

## 당부와 감사의 글

겨울 방학 동안 미뤄 두었던 집필에 속도를 내려는 순간, 딥시크가 전 세계를 충격에 빠뜨렸다. 'AI와 중국 법'이라는 서명(書名)을 보고 이 책을 선택한 독자 기대에 부응하고자 몇 가지 내용을 더 담아 보려 했으나, 별다른 소득 없이 시간만 보냈다. 또한 마음 한 켠에는 AI 기술이 급속도로 발전함에 따라 사문(死文)이 되지 않을까 하는 걱정도 들었다. 이런저런 어지러운 생각들이 머릿속을 떠돌던 찰나, "눈 덮인 들판을 걸어갈 때는 어지러이 걷지 말라, 오늘 내가 걸어간 발자취는 뒷사람의 이정

표가 된다(穿雪野中去, 不須胡亂行, 今朝我行迹, 遂作後人程)"라는 이양연(李亮淵)의 시 〈야설(野雪)〉이 떠올랐다. 이에 저자에게 허락된 능력의 범위 안에서 책을 마무리하게 되었다. 이 책은 2020년 말부터 현재까지 중국 AI, 데이터 입법과 정책 연구 결과를 중점적으로 다룬다. 그동안의 노력이 앞으로 이 분야를 연구하는 분들에게 조금이나마 도움이 됐으면 하는 바람이다. 몇 년 뒤에 이 책을 펼쳐보았을 때 시의성이 떨어지는 내용뿐일지라도 지난 것을 반복해 연구하는 낭비를 줄이는 것만으로도 나름 쓰임이라 생각된다. 훗날 이 책이 독자에게 어떠한 의미를 줄 수 있을지 모르겠지만, 그동안 고민했던 바를 정리함으로써 한 발 내딛고자 한다.

저자는 중국에서 법학을 공부했기 때문에 한국에 돌아왔을 때 모든 것이 낯설었다. 뒤늦게 시작한 공부이기에 빨리 보고 배워서 한 사람 몫을 하고 싶은 마음도 앞섰다. 감사하게도 훌륭하신 선생님을 만나 뵐 수 있는 인연이 허락되었고, 어깨너머로 그분들의 언행을 흉내 내 온 것이 모여 여기까지 올 수 있었다. 인하대학교 김원오 AI · 데이터법센터 센터장님, 정영진 AI · 데이터법학과 주임교수님, 손영화 법전원장님, 정찬모 법학연구소장님, 고인석 문과대학장님, 그리고 한중법학회 우병창 회장님, 강영수 수석부회장님과 한국국제사법학회 노태악 회장님, 석광현 명예회장님께 마음 깊이 감사드린다.

마지막으로 사랑하는 가족에게 미안함과 고마운 마음을 함께 전한다.

## 참고문헌


이상우(2023). 중국 개정 반간첩법의 사이버 안보관. ≪비교법연구≫. 297-331쪽.

이상우(2024). 중국 사이버 안보 패러다임 변화와 시사점: 인공지능 시대의 바람직한 거버넌스 구축을 위한 제언. ≪명지법학≫. 127-156쪽.

정영진 · 강광문(2022). 『중국법 강의』. 박영사.

황성기(2019). 사이버 안보 관련 법제의 문제점과 개선방향. ≪경제규제와 법≫. 44-61쪽.

## 01
## 정보 통신망의 규율, 네트워크안전법

인터넷 사용자가 증가하면서 네트워크 자체의 보안을 강화해야 한다는 문제의식과 함께 네트워크상의 콘텐츠 규제의 필요성이 제기되었다. 이를 위해 중국 내에서 수집한 데이터를 국외로 반출하는 것을 금하는 데이터 현지화 조치가 시행되었다. 해당 조치를 따른 애플(Apple)은 중국 비즈니스를 지속한 반면 페이스북(Facebook)과 구글(Google)은 사업을 철수했다.

AI와 1인 창업?

## 입법 배경 및 목적

2013년 에드워드 스노든의 내부 고발로 미국 NSA가 민간인의 인터넷 사용 정보 등 개인 정보를 불법으로 수집 · 사찰한 사실이 공개되었다. 또한 이 과정에서 페이스북(Facebook)[현 메타(Meta)] 등 빅테크(Big Tech)가 관련 정보를 제공했다는 사실도 알려졌다. 이로 인해 세계 주요국은 사이버 공간을 실정법으로 규제해야 할 필요를 느꼈다. 비록 중국의 네트워크 기반 구축은 우리나라에 비해 그 시작은 늦었지만, 2015년 '인터넷 플러스(互联网+)' 정책 등을 통해 인터넷 관련 사업을 장려하면서 빠르게 성장했다. 그러나 인터넷 사용 확대로 인해 개인 정보 보호 이슈가 부각되는 등 정보 통신망을 규율하기 위한 입법 필요성이 대두되었다.

이에 중국은 관련 입법 작업을 진행해 2016년 11월 제12기 전국인민대표대회(전인대) 상무위원회 제24차 회의에서 「네트워크안전법」이 통과되었다. 총 7개 장, 79개 조문으로 구성된 이 법은 네트워크의 안전을 보장하고, 네트워크의 주권 확보와 국가 안보 및 사회의 공공이익 수호를 목적으로 하고 있으며, 2017년 6월 1일부터 시행되었다.

## 콘텐츠 규제 강화

「네트워크안전법」 제76조는 '네트워크 안전(网络安全)'을 네트워크에 대한 공격 등을 방지하기 위해 필요한 조치를 취함으로써 네트워크를 안정적인 상태로 유지하고, '네트워크 데이터(网络数据)'(네트워크를 통해 수집·저장·전송·처리 및 생성된 다양한 전자 데이터를 말한다－저자 주)의 완전성·기밀성·가용성을 보장하는 것이라 정의한다. 기본적으로 네트워크의 안전(보안)을 강화한다는 의미를 지닌다는 점에서 미국 등 서방 선진국과 우리나라의 개념과 큰 차이는 없어 보이지만, 세부적으로 살펴보면 중국만의 특색이 존재한다.

두드러지는 특징 중 하나는 '정보 안전(信息安全)'과 '네트워크 안전'의 개념을 혼용한 것이다. 정보 안전은 네트워크상에 유통되는 인터넷 콘텐츠에 관한 안전을 중시하는 개념이고, 네트워크 안전(보안)은 네트워크의 기술적인 안전을 중시하는 것으로 볼 수 있다(박용숙, 2018). 특히 정보화 사회로 진입하는 과정에서 중국은 이 '정보 안전'을 국가 안보 체제의 핵심 구성 요소로 보았다. 이에 기술 표준 수립이나 보안 메커니즘을 강화하기보다는 감시·검열 시스템 구축에 주력했다(이상우, 2022).

## 데이터 현지화

사이버 공간은 국제공역(国际公域)으로서 이용자의 자유로운 접근(access)을 위해 국제 사회의 효율적 규범이 필요한 공간이며, 아울러 사이버 공간에서 특정 행위 등에 대해 국가의 통제가 미치는 영역이다(유준구, 2015). 이에 미국 · EU · 우리나라를 비롯한 대부분의 국가에서는 사이버 공간을 표현의 자유가 실현될 수 있는 소통의 장으로 여기고 있다.

그러나 「네트워크안전법」 입법 시기의 중국에서는 사이버 공간을 국가 영토의 일부, 즉 물리적 영토의 확장으로 인식했기 때문에, 중국 체제 수호 및 국가 안보 차원에서 인터넷상 유통되는 정보(콘텐츠)를 포괄적이고 엄격하게 통제했다(박용숙, 2018).

이러한 중국의 인식을 잘 보여 주는 조항이 이 법 제37조다. 동조는 '핵심 정보 인프라 시설(关键信息基础设施)' 운영자는 중국 역내에서 수집한 개인 정보 및 중요 데이터를 중국 현지에 저장해야 한다고 규정한다(중국 역내는 중국 본토, 중국 대륙이라 칭하는 홍콩, 마카오 등 특별행정구를 제외한 중화인민공화국을 의미한다—저자 주). 이 법 제정 전 초안을 공개하고 공중의 의견을 수렴하는 기간을 가졌는데, 그 기간 동안 미국을 포함한 세계 46개 상공 단체는 당시 리커창(李克强) 중국 총리에게 개인 정보 및 중요 데이터의 중국 역외(해외) 저장을 금지한다면 글로벌 기업의 중국 시장 진출을 저해할 것이라는 우려를 표명했다.

실제로 이 법 규정에 따라 애플(Apple)은 중국 현지에 데이터 센터를 건립하고, 중국에서 판매 · 사용되는 제품을 통해 수집된 정보를 중국 역내에 저장하고 있다. 상해에 공장을 설립한 테슬라(Tesla) 역시 자사 차량 운행 중에 수집되는 정보를 동일하게 처리하고 있다. 반면 이와 같은 조치를 따르지 않은 페이스북과 구글(Google)은 중국 사업 철수를 결정해 현재도 중국 본토에서 해당 서비스를 이용할 수 없다.

## 딥시크를 통한 정보 유출의 우려

중국 현지 데이터 저장에 따른 리스크는 무엇일까?「네트워크안전법」 시행으로 인하여 중국에서 사업을 영위하면서 수집한 데이터는 중국 현지 서버에 저장되게 되었다. 일반 사용자 입장에서는 이러한 조치가 크게 와닿지 않는 것도 사실이다. 예를 들어 우리는 넷플릭스(Netflix)를 이용할 때 아이디와 비밀번호만 입력하면 영상 콘텐츠를 시청할 수 있다. 해당 콘텐츠가 어디에 저장되어서 어떻게 전달되는지는 사실 중요하게 느껴지지 않는다(사용자 입장에서는 월정액 요금이 더 중요하게 느껴질 것이다－저자 주). 직장인이라면 하루에도 수십 통씩 주고받는 이메일도 마찬가지다. 이메일에 회사 기밀이나 민감한 개인 정보가 기재되어 있는 경우, 이메일 계정과 비밀번호 관리에 조금 더 주의를 기울일 뿐 그 정보가 어디에 저장되어 있는지는 크게 관심을 갖지 않는다.

이 법은 데이터 현지화(제37조)와 함께 네트워크 운영자에게 중국 공안, 국가안전기관이 국가 안보를 수호하고 범죄를 수사하는 활동에 대해 협조할 의무와(제28조), 소관 부처의 네트워크 보안 관리 감독 업무에 협조해야 함을 규정했다(제49조). 법조문만 놓고 보면 중국 현지에 저장된 정보에 당국이 접근 가능하다(물론 불법적인 접근은 관련 법률에 따라 엄격하게 제한된다－저자 주). 최근 우리나라 정부는 중앙 부처가 정부망에서 딥시크에 접속하는 것을 금지했는데, 이 또한 딥시크에 저장된 정보들이 중국 당국으로 유출될 가능성이 제기되었기 때문이다(≪동아일보≫, 2025.2.7.). 딥시크가 공개한 개인 정보 정책에 따르면 수집한 정보는 "중화인민공화국에 있는 안전한 서버"에 저장되는데, 앞서 살펴본 관련 규정에 따라 정보 유출의 우려가 제기되고 있는 것이다(≪조선일보≫, 2025.2.7.).

## 데이터 접근 가능성

넷플릭스 사례와 같이 데이터 저장 위치와 무관하게 아이디와 비밀번호가 있다면 해당 정보에 접근이 가능하다. 특히 분산 시스템 기술에 기반한 클라우드 컴퓨팅(cloud computing) 기술이 보편화되었다는 점에서 본다면 데이터가 저장된 물리적 위치(예를 들어 데이터 센터 또는 서버의 소재지－저자 주)보다는 실제 해당 데이터에 접근 가능한지 그 여부가 중요하다.

이 법은 원칙적으로 중국 역내 네트워크 구축, 운영, 유지 보수에 관한 관리 감독에 적용되며(제2조), 핵심 정보 인프라 시설에 대한 공격으로 중대한 피해가 발생한 예외적인 경우에만 역외 적용이 가능하다(제75조). 즉 변하는 기술 환경에서 실효적인 조치를 취하기 위해서는 사이버 공간을 물리적 영토 확장으로 바라보았던 관점에서 벗어나 실제 데이터에 접근 가능한지 그 여부에 초점을 맞춰야 한다. 이에 중국도 세계적 추세에 따라 데이터법에 역외 적용을 도입하는 등 입법 방향성에 변화가 나타나게 되었다(상세는 4장에서 살펴본다－저자 주).

## 참고문헌

동아일보(2025.2.7). 딥시크 수집 정보 中서버에 저장…개발자들도 사용 꺼려. ≪동아일보≫.

박용숙(2018). 중국의 「네트워크안전법」에 대한 일고찰. ≪강원법학≫. 39-73쪽.

유준구(2015). 사이버 안보 문제와 국제법의 적용. ≪국제법학회논총≫. 149-171쪽.

이상우(2022). 중국 데이터법의 역외 적용. ≪법학논총≫. 145-190쪽.

조선일보(2025.2.7). 中당국, 수집정보 언제든 볼수 있다…정부·지자체·민간도 '딥시크 금지'. ≪조선일보≫.

**02**

## 데이터 주권 강화, 데이터안전법

데이터 안보 강화를 위해 2021년 9월 「데이터안전법」이 시행되었다. 이로써 틱톡(TikTok) 등 자국 플랫폼 기업에 대한 외국의 차별적인 대우에 대응하기 위한 법률적 근거가 마련되었다.
하지만 이 법을 통해 데이터 거버넌스가 구축되고 데이터 거래의 기반이 마련되었다는 점을 간과해서는 안 된다.

AI와 MBTI?

## 입법 배경 및 목적

중국은 2017년「네트워크안전법」시행을 통해 사이버 공간의 안보를 강화하고자 했으나 이 법은 '네트워크 안전'과 '네트워크 운영자'의 보안 의무에 초점을 맞추었기 때문에 '데이터' 자체에 대한 보호는 미흡했다. 또한 2017년 도널드 트럼프 1기 행정부 출범 후 미·중 간 데이터를 둘러싼 긴장이 고조되고 중국 경제 성장률도 둔화되기 시작했기 때문에 데이터를 활용한 경제 활성화 정책이 집중적으로 추진되었다.

이러한 배경 아래, 데이터 처리 활동을 규율하고, 데이터 안전을 보장하며, 데이터 개발과 활용을 촉진하고, 개인·조직의 합법적인 권익을 보호하며, 국가 주권과 국가 안보를 수호하기 위한「데이터안전법」이 제정되었다(제1조). 2020년 7월 초안 공개 후 심의 과정을 거쳐 2021년 6월 제13기 전인대 상무위원회 제29차 회의에서 최종 통과되었다. 2021년 9월부터 시행 중인 이 법은 데이터 기본법이자 디지털 전환(Digital Transformation, DX) 시대 국가 안보 법제의 핵심이다(이상우, 2021a).

## 적용 범위의 확대

「데이터안전법」은 중국 역외에서의 데이터 처리 활동으

로 인해 중국의 국가 안보, 공공 이익, 국민의 합법적인 권익 등을 침해받는 경우, 이 법을 적용할 수 있도록 역외 적용을 명시했다(제2조). 정보 통신 기술 발달로 인해 데이터 활동은 국경 간 장벽이 허물어졌다. 이에 이 법은 국가 안보를 수호하기 위해 역외(해외)의 데이터 활동을 차단할 수 있는 실효적인 방법을 마련하고자 적용 범위를 역외로 확대했다. 「네트워크안전법」도 예외적인 경우에 역외 적용 가능함을 규정했으나(제75조), 원칙적으로는 중국 본토에서만 적용되었다는 점을 고려하면, 「데이터안전법」은 사이버 공간을 물리적 영토의 확장으로 보는 기존의 관점에서 벗어나 유연한 시각으로 접근했다(이상우, 2022).

2016년 제정된 「네트워크안전법」과 2020년 입법 진행된 「데이터안전법」 시기의 변화를 살펴보면, 국가 간 데이터 자원 경쟁 및 데이터 안보 긴장이 심화됨에 따라 '데이터 주권(data sovereignty)' 강화가 주요국의 관심사가 되었다(강달천, 2021). 또한 국가가 데이터 안보를 수호하기 위해 관할권을 확대하는 것이 국제적 추세가 되었다(정찬모, 2021). 이에 2018년 5월 25일부터 시행된 GDPR도 EU 내 사업장이 없는 기업에 GDPR을 적용할 수 있도록 하는 역외 적용을 도입해 적용 범위를 확대했다. 따라서「데이터안전법」은 역외 적용을 규정함으로써 데이터 안보 강화와 함께 글로벌 선진 규정과의 정합성도 유지하고자 했다.

## 데이터 거버넌스 구축과 안보 강화

총 7장, 55개 조항으로 구성된「데이터안전법」은 데이터 안전과 발전(제2장), 데이터 안전 제도(제3장), 데이터 안전 보호 의무(제4장), 공공 데이터(政务数据) 안전과 개방(제5장)에 주요 내용을 규정하고 있으며, 특히 '데이터 안전 제도'를 규정한 이 법 제3장(제21조 내지 제26조)은 중요 데이터의 목록을 정하고 해당 데이터의 보호를 강화하는 업무를 '국가 데이터 안전 업무 협력 메커니즘(国家数据安全工作协调机制)'이 총괄함을 명시해 데이터 거버넌스를 명확히 했다(제21조 제2항). 입법 과정에서는 동조 제3항을 신설해 '중요 데이터' 상위 개념으로서 '국가 핵심 데이터'를 도입하고, 국가 안보에 관한 데이터를 국가 핵심 데이터로 분류해 해당 데이터에 대한 엄격한 관리 의무를 강조했다(이상우, 2021b).

또한 국가 안보와 관련해 규제 대상에 속하는 데이터에 대해 수출 규제를 실시할 수 있음을 명시하고(제25조), 다른 국가의 차별적인 조치에 대한 대응 조치를 규정해(제26조), 데이터 안보 강화에 초점을 맞췄다. 입법 진행 중이던 2020년 인도가 자국의 「정보기술법(Information Technology Act)」을 근거로 중국의 주요 소셜 미디어 앱에 대해 금지 조치를 취한 바 있다. 당시 인도 정부는 해당 앱이 무단으로 사용자의 데이터를 취득하고 비밀리에 해외 서버에 전송해 인도의 주권과 국가 안보를 침해했다고 주장했다. 이에 대해 중국은 정당한 기업 활동 제한임을 지적하며 비난의 목소리를 높인 바 있다. 이러한 사건 등의 영향으로 이 법 제26조는 중국의 데이터 산업 및 기업에 대해 차별적인 조치를 취하는 경우, 중국은 해당 국가에 대등한 조치를 취할 수 있음을 명시해, 중국 기업의 투자, 무역 등을 보호함과 동시에 데이터 안보를 강화하고자 했다. 다만 해당 국가의 협조가 없는 경우, 법 집행의 실효성 확보가 어렵고, 국제적 공감대가 형성되지 않으면 국가 간 마찰로 비화될 수 있다는 한계가 존재한다(이상우, 2021a).

## 또 하나의 역할, 데이터 경제 활성화

이 법의 가장 큰 역할은 앞서 검토한 바와 같이 데이터 안보 강화일 것이다. 하지만 간과하지 말아야 할 또 하나의 중요한 역할은 바로 데이터 경제 활성화다. 입법 목적을 규정한 제1조는 데이터 개발과 활용을 촉진하기 위해 이 법을 제정했음을 명시하고 있다. 중국은 2015년 8월 '빅데이터 발전을 촉진하기 위한 행동 요강(关于促进大数据发展的行动纲要)'에서 데이터가 국가의 기초 전략 자원임을 명시한 이래 2019년 10월 중국 공산당 제19기 중앙위원회 제4차 전체 회의에서 데이터를 생산 요소로 활용해야 한다고 제안했다. 2020년 4월 국무원은 '더욱 완비된 요소 시장화 배치 체계 구축에 관한 의견(关于构建更加完善的要素市场化配置体制机制的意见)'을 통해 토지 · 노동력 · 자본 · 기술에 이어 데이터가 다섯 번째 생산 요소임을 명시하고 '데이터 요소 시장 육성 가속화'를 제안했다. 2021년 3월 발표된 '14차 5개년 계획 및 2035년 비전 목표 강령(中华人民共和国国民经济和社会发展第十四个五年规划和2035年远景目标纲要)'은 한 걸음 더 나아가 데이터가 더 이상 단순한 신흥 산업에 그치지 않고, 경제 사회 발전을 위한 전(全) 분야의 신규 자원이자 원동력임을 명시했다(이상우, 2023). 이처럼 데이터를 활용한 경제 개발을 적극적으로 추진해 가는 과정 중에 「데이터안전법」이 제정되었으며, 입법 목적에도 이 법이 데이터 경제 활성화를 위한 역할을 담당하고 있음을 명시하게 된 것이다.

이와 관련된 내용을 살펴보면, 데이터의 유형 · 등급 구분(제21조) 및 데이터 안전 관리 제도(제27조)를 통해 거래 가능한 데이터와 불가능한 데이터, 그리고 해당 유형 · 등급별 보안 기준을 규정함으로써 데이터 거래의 기반을 마련했다. 또한 국가 기관의 공공 데이터 공개 의무와 데이터의 보호와 활용이 조화롭게 이루어지도록 하여 디지털 경제가 선순환할 수 있는 생태계 조성을 추구했다. 또한 공공기관이 보유한 공공 데이터 중 개방 가능한 목록을 마련하고 이를 공유할 수 있는 플랫폼을 구축함으로써 데이터 활용을 촉진해 디지털 경제가 선순환할 수 있는 생태계 조성을 추구했다(제41조 및 제42조).

## 참고문헌


강달천(2021). 중국의 데이터 보호 관련 입법 동향과 데이터 주권에 관한 고찰. ≪중앙법학≫. 7-48쪽.

이상우(2021a). 중국 데이터안전법의 주요 내용과 시사점: 데이터 안전 보호를 위한 중점 제도를 중심으로. ≪중국지식네트워크≫. 451-502쪽.

이상우(2021b). 중국 데이터 보안 체계 구축에 관한 연구: 데이터안전법 심의 과정에서의 쟁점 사항을 중심으로. ≪중국과 중국학≫. 57-103쪽.

이상우(2022). 중국 데이터법의 역외 적용. ≪법학논총≫. 145-190쪽.

이상우(2023). 중국 데이터 법제와 정책 방향에 관한 고찰.

≪법과정책≫. 145-176쪽.
정찬모(2021). 인터넷상 인격권 침해 게시물 접근 제한 조치의 지역적 범위: CJEU의 최근 판결을 중심으로. ≪사법≫. 757-793쪽.

## 03
# 개인 정보 보호와 활용의 균형 모색, 개인정보보호법

EU의 GDPR을 참고해 중국의 「개인정보보호법」이 제정되었다. 2020년 데이터 3법 개정을 거친 우리나라 「개인정보보호법」과 유사한 부분이 많지만, 동시기 입법된 중국 「민법전」은 프라이버시와 개인 정보의 보호를 별도로 규정하는 등 우리와는 또 다른 접근 방법을 취하고 있다. 이로 인해 중국만의 특색도 나타난다.

AI와 난임 극복?

## 입법 배경 및 목적

2021년 11월「개인정보보호법」시행 전까지 중국에 개인 정보 보호를 통합적으로 다루는 일반법은 없었고, 개인 정보 보호와 관련된 법률 규정은 여러 법률에 분산되어 있었다. 이 같은 상황에서 개인 정보 보호에 관한 체계적인 입법을 추진해야 한다는 의견이 지속적으로 제기되었고, 2021년 8월 20일 총 8장, 74개 조항으로 구성된「개인정보보호법」이 제정되었다. 유럽과 미국이 1970년대부터 개인 정보 보호의 법제화를 본격적으로 추진했고(박노형, 2020), 우리나라가 2004년부터 입법 논의를 시작해 2011년「개인정보보호법」을 시행한 것과 비교하면 중국은 비록 시작이 늦었지만 신속하게 입법을 진행했다(이상우, 2021b).

중국「헌법(宪法)」은 개인 정보에 관한 권리(个人信息权)를 기본권 안에 포함하고 있지는 않으나 인격권의 중요한 구성 요소로 간주하고 있기 때문에(김종우, 2019),「민법통칙(民法通则)」등에서 인격권에 기반을 두고 개인 정보에 대한 간접 보호를 하고 있었다[「민법통칙」은 1987년부터 시행되었으며, 2021년「민법전(民法典)」이 시행됨에 따라 폐지되었다 - 저자 주].

그러나 2018년 GDPR 시행 등, 개인 정보 보호에 관한 선진화된 규정이 속속 제정 · 시행됨에 따라 글로벌 기준과의 정합성을 제고해야 할 필요성이 대두되었다. 이에 2021년부터 시행 중인 「민법전」 인격권 편(제4편)에 전통적 인격권인 생명권 · 성명권 · 초상권뿐만 아니라 프라이버시와 개인 정보의 보호를 규정했고, 같은 해 11월 GDPR의 주요 내용을 다수 반영한 「개인정보보호법」을 시행하게 되었다. 「개인정보보호법」 제1조는 이 법이 개인 정보의 보호와 활용의 조화로운 균형을 모색하기 위해 입법되었음을 명시하고 있다. 이는 개인 정보의 자유로운 이동을 명시한 GDPR 입법 목적과 궤를 같이한다.

## 적용 범위

이 법에서 개인 정보란 전자 또는 기타 방식으로 기록되어 자연인을 식별할 수 있는 정보를 뜻하며, 특정 개인을 식별할 수 없도록 익명 처리된 정보는 개인 정보에 포함되지 않는다(제4조 제1항). 이는 GDPR을 참고하여 2020년 개정한 우리나라 「개인정보보호법」과 동일하다. 우리나라 「개인정보보호법」이 적용 범위를 구체적으로 명시하지 않은 것과는 달리 GDPR의 영토적 범위 규정(제3조)과 동일하게, 중국 「개인정보보호법」은 중국 역내에서의 개인 정보 처리 행위는 물론이고 ① 중국 역내 자연인에게 상품 또는 서비스를 제공하는 것을 목적으로 하는 경우, ② 중국 역내 자연인의 행위를 분석 · 평가하는 경우, ③ 법률 등에서 규정한 기타 경우에 해당하는 경우에는 역외에서 중국 국민의 개인 정보를 처리하는 행위도 이 법의 적용을 받을 수 있다고 규정했다(제3조).

「네트워크안전법」 제37조를 통해서 개인 정보의 역외 이전을 엄격히 통제했던 것과 결을 같이하여, 「개인정보 보호법」 제38조도 규정된 조건을 충족한 경우에 한하여 허가를 받고 역외로 이전할 수 있다. 다만 이 법이 입법 목적에서 밝힌 바와 같이 개인 정보의 합리적인 활용을 촉진하기 위해서 입법 진행 과정에서 중국이 체결 또는 가입한 국제 조약 및 협정에 관련 규정이 있는 경우 역외로 이전할 수 있다는 내용을 추가하는 등, 과거의 엄격한 태도에서 다소 완화되는 모습을 보였다.

## 개인 정보 보호의 기본 원칙과 법적 근거

이 법에서의 '개인 정보처리자(个人信息处理者)'란 개인 정보 처리 활동 중에 스스로 처리 목적 및 방법을 정하는 조직 및 개인을 말한다(제73조 제1호). 개인 정보처리자는 ① 합법 · 정당 · 필요 · 신의성실의 원칙(제5조), ② 목적 명확화 및 최소 사용의 원칙(제6조), ③ 공개 · 투명성 원칙(제7조), ④ 정확 · 완전성 원칙(제8조), ⑤ 안전성 확보의 원칙(제9조)에 따라 개인 정보를 처리해야 한다. 중국과 한국 모두 GDPR을 참고했기 때문에 이 다섯 가지 기본 원칙은 우리나라 「개인정보보호법」 제3조에 규정된 것과 유사하다(이상우, 2021a).

개인 정보를 수집, 이용하기 위해서 법적 근거가 요구된다. 가장 중요한 법적 근거는 ① 개인의 동의 획득이며(제13조 제1호) 이외에도 ② 개인과의 계약 체결 및 이행 또는 근로 규칙, 단체 협약에 따른 인력 자원 관리 실시(제13조 제2호), ③ 개인 정보처리자의 법적 의무 준수(제13조 제3호), ④ 공중 보건 위기 대응 또는 급박한 생명 등 이익 보호(제13조 제4호), ⑤ 공익을 위한 보도(제13조 제5호), ⑥ 자발적 · 합법적으로 공개된 개인 정보의 처리(제13조 제6호), ⑦ 법률 등에서 규정한 기타 경우(제13조 제7호)가 개인 정보를 수집, 이용하기 위한 법적 근거를 제공한다. 이 법이 규정한 법적 근거는 큰 틀에서 우리나라 「개인정보보호법」 제15조 제1항, GDPR 제6조 제1항의 규정과 유사하며, 개인 정보의 보호와 활용 간의 합리적 균형을 이루려 노력했음을 알 수 있다(이상우, 2021b).

## 특징적인 조항

양국이 GDPR을 참고해 제·개정했지만, 몇 가지 특색 있는 조항이 눈에 띈다. 개인 정보의 전송 요구와 같이 중국「개인정보보호법」에 먼저 반영된 규정이 이후 우리나라 법에 반영된 것처럼 한 번쯤 살펴볼 만한 가치가 있다.

### 1) 자동화된 의사 결정에 의한 차별 금지

자동화된 의사 결정이란 "개인의 행위 습관, 취미 또는 경제, 건강, 신용 상황 등을 컴퓨터 프로그램을 통해 자동으로 분석·평가하고 의사 결정을 진행하는 활동"을 말하며(제73조 제2항), 중국「개인정보보호법」제24조는 자동화된 의사 결정을 통하여 소비자에게 차별적으로 대우하는 것을 금지했다. 중국은 주요 플랫폼 기업이 고객 유치를 위해 개인 정보를 이용해 신규 고객만 우대하는 가격 정책을 시행했는데, 그 결과 기존 고객은 차별 대우를 받게 되었다. 이러한 현상은 2018년 사회 생활 분야 10대 유행어에 선정될 만큼 사회적으로 큰 이슈가 되었다(Baidu, 2021). 이에 이 법은 '빅데이터 분석에 의한 차별 대우(大数据杀熟)'을 금지하는 조항(제24조)을 신설했다['따슈쥐(大数据)'는 빅데이터를 뜻하며, '슈(熟)'는 익숙한 사람(즉 기존 고객), '샤(杀)'는 죽인다는 것을 의미하는바, '빅데이터 분석을 통해 기존 고객을 죽이는 행위'로 해석된다－저자 주]. 우리나라도 2023년 개정을 통해 자동화된 결정에 대한 정보 주체의 권리를 신설해 해당 결정을 거부할 수 있는 권리를 규정했다(제37조의 2).

### 2) 개인 정보의 국외 이전

2021년 진행된 국정 감사에서 쿠팡(Coupang)이 중국 자회사를 통해 회원 개인 정보를 처리하고 있기 때문에 중국 당국이 개인 정보에 접근할 수 있다는 지적이 있었다(≪미디어이슈≫, 2021). 이와 같이 개인 정보의 국외 이전에 대해서는 항상 타국으로의 유출 우려가 제기된다. 하지만 업무상 필요에 따라 수집한 개인 정보를 국외로 이전해야 하는 경우가 있을 것이다. 이 법 제38조 제1항은 규정된 조건을 충족한 경우에 한해 국외 이전을 허가하고 있으며, 이와 함께 개인 정보처리자는 반드시 국외 수취인의 개인 정보 처리 활동이 이 법에 규정된 개인 정보 보호 표준에 적합하도록 조치를 취해야 한다는 의무를 부가했다. 우리나라도 2023년 개정을 통해 제4절 '개인 정보의 국외 이전'을 신설해 국외 이전 방법을 다양화하는 한편, 개인 정보 보호를 위한 국외 이전 중지 명령도 함께 규정했다(제28조의9).

### 3) 개인 정보 전송 요구권

이 법은 '개인 정보 전송 요구권(个人信息可携带权)'을 규정해(제45조), 개인의 의사에 따라 개인 정보가 서로 다른 플랫폼 사이에서 이전할 수 있도록 하는 근거를 마련했다('个人信息可携带权'를 직역하면 '개인 정보 휴대권' 정도로 해석될 수 있으나 독자 이해를 돕기 위해 우리나라에서 사용되는 가장 비슷한 개념의 용어인 '개인 정보 전송 요구권'으로 번역했다—저자 주). 이를 통해 개인에게는 자신과 관련한 개인 정보에 대해 더 많은 통제력을 부여하고, 개인 정보처리자 간 건강한 경쟁을 촉진할 수 있는 환경을 마련했다. 우리나라도 2023년 개정을 통해 개인 정보의 전송 요구권이 신설되었으며(제35조의2), 올해부터 시행될 것으로 전망된다.

### 4) 사자(死者)의 개인 정보 보호

중국「민법전」제994조는 개인 정보에 일정한 인격권이 있다고 보아 사자의 성명, 초상, 명예 등이 침해받는 경우, 근친속에게 이에 대한 손해 배상 청구권을 부여했다(중국「민법전」제1045조 제2항에 따르면 근친속이란 배

우자, 부모, 자녀, 형제자매, 조부모, 외조부모, 손자녀, 외손자녀가 해당된다—저자 주). 「개인정보보호법」 제49조는 이와 같은 입법 취지를 반영하여, 자연인이 사망한 경우 근친속이 법정 조건에 따라 사자의 개인 정보에 대한 열람 · 복제 · 정정 · 삭제 등의 권리를 행사할 수 있다고 규정했다. 다만, 사자의 의사에 반하여 개인 정보가 사용되는 것을 방지하기 위해 ① 합법적이고 정당한 이익을 얻기 위한 목적이어야 하며 ② 사자가 생전에 달리 정한 경우에는 근친속의 권리를 제한하는 규정을 두었다.

### 5) 빅테크(Big Tech)에 대한 규제

알리바바(Alibaba), 텐센트(Tencent), 바이두(Baidu)로 대표되는 중국 빅테크의 시장 지배력이 높아짐에 따라 이들 기업의 개인 정보 및 데이터 독점 이슈가 발생하고 있다. 이에 심의 과정을 통해 해당 기업을 '중요 온라인 플랫폼 서비스 사업자(重要互联网平台服务)'로 정의하고 개인 정보 보호 컴플라이언스 구축 의무를 부가하는 등(제58조 제1호), 개인 정보 보호 의무를 강화했다.

## 중국 「개인정보보호법」의 함의

틱톡, 딥시크 관련 뉴스를 통해 한 번쯤 들어 보았을 중국「개인정보보호법」을 간략히 살펴보았다. 일부 규정에 대한 우려가 존재하는 것도 사실이지만, 우리 입장에서 용인할 수 없는 규정이 있는 것은 아니었다. 물론 기본적으로 개인 정보 보호 법체계에서 오는 차이와 중국만의 특색으로 인한 간극은 존재한다. 하지만 양국 모두 GDPR을 기반으로 했고, 중국이 먼저 시행한 개인 정보 전송 요구권 등을 우리도 최근 개정을 통해 신설한 것을 보면, 양국의 간극은 점차 좁혀질 것으로 기대된다. DX, AX 시대에 국경의 의미가 퇴색되고 있는 만큼 사이버 공간에서의 개인 정보에 관한 분쟁은 증가할 것이다. 이 같은 추세 속에서 서로의 법제를 이해하고 소통하려는 자세가 그 어느 때보다 필요할 것이다.

이 법의 개인 정보는 전자적 형식에 국한하지 않는다. 다만 현재 대부분의 개인 정보는 디지털 형식으로 다루어진다는 점에서 우리가 데이터라고 부르는 것과 중첩되는 부분이 존재한다. 즉 「개인정보보호법」의 보호 대상이면서 「데이터안전법」에서 보호하고자 하는 데이터가 될 수 있고, 동시에 「네트워크안전법」에서 규율하는 '네트워크 데이터'에도 해당할 수 있다. 앞서 언급한 바와 같이 AI의 3요소로 데이터(개인 정보), 알고리즘, 컴퓨팅 파워가 거론되고 있다는 점을 고려하면 향후 중국의 AI 법제에서도 「네트워크안전법」, 「데이터안전법」 그리고 「개인정보보호법」이 함께 중추적인 역할을 할 것이다.

다만 이 법의 적용 범위에서 역외 적용은 법 이론적인 문제 외에도 국력이나 상대국이 자국에 부여하는 시장 가치에 따라 좌우되는, 사실상 힘의 문제로 볼 수 있다. 또한 「개인정보보호법」 제43조가 타국이 개인 정보 보호와 관련해 중국에 대해 차별적인 금지, 제한 등을 하는 경우, 해당 국가에 대해 이에 상응하는 조치를 취할 수 있도록 규정했고, 이는 앞서 살펴본 「데이터안전법」 제26조와 유사하다. 이와 같이 이 법은 기존의 개인 정보 보호에 관한 이슈를 넘어, 개인 정보, 데이터에 관한 국제 분쟁이라는 불씨가 될 수도 있다.

## 참고문헌


김종우(2019). 빅데이터 시대 중국의 개인정보보호법률제도 현황과 입법 과제 연구. ≪정보법학≫. 251-291쪽.

미디어이슈(2021). 양정숙 의원, '쿠팡' 중국 개인 정보 처리 타국 이전 약속. ≪미디어이슈≫, http://www.mediaissue.net/1599868

박노형(2020). 『개인정보보호법』. 박영사.
이상우(2021a). 중국 개인 정보 보호 체계에 관한 연구: 신(新)개인정보보호법의 주요 내용. ≪중국법연구≫. 333-361쪽.
이상우(2021b). 중국 개인정보보호법의 시사점. ≪KISO저널≫. 9-14쪽.
Baidu(2021). 大数据杀熟. https://baike.baidu.com/item/大数据杀熟/22456755?fr=aladdin

## 04
## 데이터 법의 역외 적용과 법률전

2017년 「네트워크안전법」, 2021년 「데이터안전법」 및 「개인정보보호법」의 시행으로 중국의 데이터 3법이 완성되었다. 데이터 법제를 완성해 가는 과정에서 역외 적용 조항이 적극적으로 도입되었고 이로 인해 국가 간 분쟁 가능성도 높아졌다. 그 배경에는 미·중 간 법률전(法律戰)이 자리하고 있다.

AI와 사주?

## 역외 적용 도입 배경

2016년 제정된「네트워크안전법」에서 확인한 바와 같이, 과거 중국은 사이버 공간을 물리적 영토의 연장선상에서 이해했고, 데이터가 저장된 데이터 센터, 서버 등 위치를 중요하게 여겼기 때문에 관련 입법 과정에서 역외 적용 조항이 적극적으로 도입되지는 않았다. 자국법을 역외 적용하는 실제 이유는 역외 적용을 하려는 국가의 입법 목적을 달성하기 위함이다(석광현, 2011). 국가가 자국법을 역외까지 확장해 적용하는 것은 예외적이라고는 하지만 오래된 역사를 가지고 있으며, 최근 사이버 공간상의 데이터·개인 정보 분야 입법에서 강조되고 있다(이상우, 2022). 클라우드 컴퓨팅이 보편화된 환경을 고려해 본다면 데이터의 기술적 특징에 기반한 역외 적용은 자연스러운 흐름으로 볼 수 있다. 2018년 EU GDPR의 시행으로 역외 적용의 중요성이 부각되었으며, 이에 2021년부터 시행 중인「데이터안전법」,「개인정보보호법」은 역외 적용을 명시했다.

중국 데이터 법이 역외 적용을 적극적으로 도입하게 된 또 하나의 원인은 미국과의 관계다. 미국은 2018년「합법적해외데이터사용을위한법률(Clarifying Lawful Overseas Use of Data Act)」(CLOUD Act)의 입법을 통해 국경을 넘어 해외의 증거(데이터)를 조사(접근)할 수 있게 되었다. 중국은 이에 대해 미국 정부가 '세계화 관할원칙(全球化管辖原则)'을 채택해 과도하게 관할권을 확장했다고 비판의 목소리를 높였으며, 큰 위협으로 받아들였다. 이에 중국은 대응 방안의 하나로 역외 적용을 활용하기 시작했다.

## 관할권의 경합과 허용 한계

역외 적용에서의 핵심 개념은 국가가 사람 · 물건 · 자원 · 행동 등에 행사할 수 있는 권한의 총체를 의미하는 국가 관할권이다(김대순, 2009). 국가 관할권은 국가가 법 규범을 제정하는 권한인 '입법 관할권', 사법 기관이 재판 관할의 범위를 정하고 국내 법령을 적용해 구체적인 사안을 심리하고 재판을 선고하는 권한인 '사법 관할권(재판 관할권)', 법원 또는 행정 기관이 물리적인 강제 조치에 따라 국내법을 집행하는 권한인 '집행 관할권'으로 삼분(三分)하는 견해(석광현, 2011)와 '사법 관할권'이 '집행 관할권'에 포함되는 것으로 이해해 '입법 관할권', '집행 관할권'으로 이분(二分)하는 견해가 있다.

집행 관할권은 주로 '속지주의 원칙'에 의해 지배되고 있기 때문에 기본적으로 영토 제약성을 가진다(속지주의 원칙이란 국가는 자국 영역 내에서 발생한 사실 및 자국 영역 내에 소재하는 물건에 대해 관할권을 행사할 수 있다는 원칙을 말한다–저자 주). 반면 입법 관할권은 기본적으로 이론적 기초 상호간에 우선 순위가 존재하지 않기 때문에 복수 국가의 관할권이 경합할 수 있다. 또한 역외 적용을 지나치게 확장하는 경우 외국의 주권 침해 우려가 있기 때문에 역외 적용 범위를 합리적으로 제한할 필요성이 제기된다. 그리고 무엇보다 입법 관할권에 기해 규제를 부과하더라도 현실적으로 집행 관할권을 행사하는 데는 한계가 있다.

## CLOUD Act의 입법 배경과 영향

2013년 12월 미국 연방 정부는 수색 영장을 발부받아 마이크로소프트(Microsoft, MS)에 사건과 관련된 이메일 계정 정보를 제출할 것을 요청했으나, MS는 해당 데이터가 아일랜드에 소재한 데이터 센터에 저장되어 있다는 이유로 거부했다. 2014년 4월 뉴욕남부지방법원 치안판사는 MS가 미국에서 사업을 수행하고 있으며 아일랜드 서버에 접근 권한을 가진 미국 법인이라는 점을 근거로 MS가 수색 영장 집행에 응해야 한다고 판시했으나 MS는 이에 항소했다. 이 사건의 주된 쟁점은 「저장통신법

(Stored Communication Act)」(SCA)상 영장 집행이 법률의 역외 적용에 해당하는지 그 여부였는데, 항소 법원은 영장의 대상이 아일랜드 소재 데이터 센터에서 압수되었기 때문에 관련 행위가 역외에서 일어난 것이라고 판단하고, 영장 집행은 불법적인 역외 적용에 해당한다고 판시했다(송영진, 2018).

법무부는 항소 법원의 결정에 불복, 상고하여 2017년 10월 연방대법원 심리가 개시되었다. 그러나 2018년 3월 미국 의회가 CLOUD Act를 통과시켜 SCA가 개정되었고, 본 개정을 통해 미국의 인터넷 서비스 제공자(Internet Service Provider, ISP)는 역외에 저장된 데이터에 대해서도 영장에 따른 자료 제출 의무를 가지게 되었다. 최종적으로 MS가 통신 정보를 제공하는 것으로 마무리되었다.

클라우드 컴퓨팅의 보편화로 인해 데이터가 실재하는 물리적 위치에 따라 관할권 성립을 결정하는 접근 방식은 현실적으로 어려움이 있다(송영진, 2019). CLOUD Act는 역외 데이터 접근에 대해 "데이터의 위치와 관계없이"라는 문구를 삽입하는 방법으로 해답을 내놓았다는 점에서 긍정적인 평가를 받을 수도 있을 것이다. 하지만 다른 한편으로는 타국의 주권을 침해할 우려가 있고 양국 간 법률 충돌 가능성이 있다.

## 미·중 패권 경쟁과 법률전

이러한 움직임에 가장 민감하게 반응한 국가는 중국이다. 사실 미국 법의 역외 적용 영역은 데이터 법제에 국한되지 않고, 형사 범죄, 독점 규제, 금융 감독, 경제 · 무역 제재, 수출입 통제, 지식재산권 분야 등 광범위하다(Gary B. Born. 1992). CLOUD Act가 입법된 시기를 돌이켜 보면, 미 · 중 간 패권 경쟁 속에 칩4(Chip4), '인도 · 태평양 경제 프레임워크[Indo-Pacific Economic Framework'(IPEF)], 쿼드(Quad) 등 갈등이 지속되고 있었다. 이에 중국은 미국이 법률을 경제 전쟁의 무기로 삼고 자국 기업을 억압하고 있다는 비난의 목소리를 높였다. 중국은 이를 '법률전'이라 표현한다. 2003년 '중국인민해방군정치공작조례(中国人民解放军政治工作条例)'에서 여론전, 심리전과 함께 삼전(三戰)이라는 개념으로 소개된 법률전은 중국 관영 매체인 ≪환구시보(环球时报)≫의 표현을 빌리면 "국내외 법률에 의거해 상대의 위법 행위를 공격함으로써 법리적 우위를 차지하고, 국제사회의 지지를 얻어 내 자국에는 유리한 상황으로 이끌어 내는 법적 대항 활동"을 의미한다(신재하 · 임요준,

2019). 이에 중국에서는 미국의 역외 적용에 대한 비난과 함께 법률전에서 승리하기 위해서는 역외 적용에 관한 법체계를 개선해야 한다는 목소리가 나오고 있다(구오위쥔, 2022).

법률 전쟁에서 국가 안보를 지키기 위한 창(槍) 역할이 역외 적용이라면, 방패 역할을 하는 것은 「반외국제재법(反外国制裁法)」이다. 자국민이 외국 재판소, 행정부의 역외적 효과를 갖는 명령을 준수하는 것을 금지함으로써 자국법과의 저촉을 일방적으로 배제하고자 하는 법령을 '대항 입법(對抗立法)'이라 한다. '대항 입법'은 외국법의 무리한 역외 적용으로부터 자국민을 보호하기 위해 행사된다. 중국 국무원 상무부는 미국의 대(對)중국 제재 조치에 대응하기 위해 2021년 1월 9일 「외국 법률 및 조치의 부당한 역외 적용 저지 방법(阻断外国法律与措施不当域外适用办法)」을 시행했고, 2021년 6월 10일에는 상위 법령인 「반외국제재법」을 시행했다. 이 법은 전 세계 모든 국가의 조직 · 개인에게 외국 정부의 대중국 '일방 제재' 집행 · 협조를 금지하도록 규정하고 있으며, 위반하면 중국 국민 · 조직은 인민법원에 소송을 제기해 침해 정지 · 손해 배상을 요구할 수 있도록 규정했다(제12조).

이처럼 데이터 법제에 역외 적용을 도입하는 기저에는 법률전으로 명명된 첨예한 대립 관계가 있다. 기본적으로 역외 적용에서 합리성의 원칙, 국제 예양 및 공정의 측면에서 외국 법제 및 정책과의 충돌 정도 등을 고려해야 한다(정찬모, 2020). 다만 작금의 현실을 감안하면 미 · 중 양국 간 역외 적용을 둘러싼 긴장 완화는 요원한 것으로 보인다.

## 참고문헌

구오위쥔(2022). 이연 옮김. 중국법 역외 적용의 입법 현황과 그에 대한 고찰. ≪국제사법연구≫. 919-947쪽.

김대순(2009). 『국제법론(제14판)』. 삼영사.

석광현(2011). 클라우드 컴퓨팅의 규제 및 관할권과 준거법. ≪Law & Technology≫. 3-48쪽.

송영진(2018). 미국 CLOUD Act 통과와 역외 데이터 접근에 대한 시사점. ≪형사정책연구≫. 149-172쪽.

송영진(2019). 수사 기관의 클라우드 데이터 접근에 관한 비판적 고찰: "데이터 예외주의" 논쟁과 각국의 실행을 중심으로. ≪형사정책연구≫. 149-180쪽.

신재하·임요준(2019). 중국 네트워크 안전법에 관한 연구. ≪중국법연구≫. 37-84쪽.

이상우(2022). 중국 데이터법의 역외 적용. ≪법학논총≫. 145-190쪽.

정찬모(2020). EU경쟁법의 역외 적용을 위한 "적격 영향 심사"에 관한 고찰. ≪선진상사법률연구≫. 79-103쪽.

Gary B. Born(1992). *A Reappraisal of the Extraterritorial Reach of U.S. Law.* Law and Policy in International Business, 24(1), pp. 66–67.

## 05
## 빅테크와 알고리즘 규제

외부 위협으로부터 국가를 지키는 일이 국가 안보라는 점에서 중국의 움직임은 서방 세계를 향한 대응 조치로만 보이기 쉽다.
하지만 자국 빅테크의 과도한 영향력 확대 역시 위협이 될 수 있다. 2021년 알리바바의 반독점법 위반 행위에 대한 3조여 원의 과징금 부과와 2022년 알고리즘 규제 시행 등 빅테크를 통제하고자 하는 시도는 계속되고 있다.

AI와 아이돌?

## 빅테크에 대한 반독점 규제

코로나19 팬데믹 기간을 지나면서 중국 주요 빅테크는 중소기업과 상생할 수 있는 사업 모델보다는 자사 플랫폼을 활용한 독자적 성장 모델을 지향하면서 특수를 누리게 되었다. 반면 영세 기업, 중소기업은 매출액이 감소하거나 영업을 중단하는 등 양극화가 심화되었다. 빅테크의 공격적인 사업 확장은 중국 당국의 정책 대응을 유발하는 요인으로 작용했다(이상우, 2021b). 2020년 1월 2일 '국가시장감독관리총국(国家市场监督管理总局)'(시감총국)은 빅테크의 시장 지배적 지위 남용에 대한 효과적인 규제를 위해 아날로그 산업 구조 시대인 2007년 제정된 「반독점법(反垄断法)」 개정안을 발표했다. 또한 2020년 11월 2일 온라인 소액 대출 업무 규제 조치 발표 후 '앤트(蚂蚁集团)'의 상장 중단 조치가 이루어졌으며, 2020년 11월 10일 '플랫폼 경제 영역의 반독점 관련 지침(关于平台经济领域的反垄断指南)' 발표 후 알리바바 등 3개사에 반독점 위반 과징금을 부과함으로써 빅테크의 인수 합병을 통한 사업 확장에 제동을 걸었다. 이 같은 추세 속에서 2021년 4월 10일 시감총국은 알리바바에게 시장 지배적 지위 남용을 이유로 182억 위안의 과징금을 부과했다(당시 환율을 적용해 보면 한화 약 3조

여 원에 달한다—저자 주). 해당 과징금은 알리바바 2019년 매출액의 4%에 달하는 액수로 중국의 반독점 과징금으로는 사상 최대 규모였다(Bloomberg, 2021).

반독점 위반 여부를 판단하기 위해서는 ① 시장의 획정, ② 해당 시장에서의 지배적 지위, ③ 지배적 지위 남용 여부가 순차적으로 판단되어야 한다. 행정 처벌의 근거가 되는 '행정 처벌 결정서(行政处罚决定书)'는 본 사안을 다음과 같이 판단했다. 첫째, 시장 획정과 관련해 「반독점법」(2022년 개정 이전의 법률—저자 주)과 '국무원 반독점위원회의 관련 시장 획정 지침(国务院反垄断委员会关于相关市场界定的指南)'에 따라 본 사안의 관련 시장을 "중국 역내 온라인 소매 플랫폼 시장(中国境内网路零售平台服务市场)"으로 획정했다. 상품·서비스 시장 획정에 관해 알리바바는 B2C 시장으로 한정해야 함을 주장했으나, B2C와 C2C가 본질적으로 다를 것이 없다는 이유로 배척되었다. 둘째, 해당 시장에서의 지배적 지위를 판단 시감총국은 알리바바가 장기간 높은 시장 점유율을 차지하고 있고(알리바바의 시장 점유율은 50%를 초과했다—저자 주) 시장 인지도가 높으며 소비자 유지율이 98%에 달할 정도로 알리바바에게 높은 의존도를 보이고 있다는 등의 이유로 해당 시장에서 알리바바가 지배적인 지위를 차지하고 있다고 판단했다(제18조 및 제19조). 셋째, 지배적 지위의 남용과 관련해 조사를 통해 알리바바가 경쟁 플랫폼의 발전을 제한하고 시장의 지배적 지위를 유지 · 강화하기 위해 입점 업체에게 '양자택일'을 강요했다는 사실이 밝혀졌다. 알리바바에 이어 2위 업체로 평가받는 징동(京东, JD.COM)은 알리바바 그룹의 최대 경쟁사인 텐센트와 전략적 협력 관계를 맺고 소비자 유입 채널을 확대하는 등 알리바바 입장에서는 간과할 수 없는 경쟁자였다. 시감총국은 알리바바가 정당한 이유 없이 거래 상대방으로 하여금 자신과만 거래할 수 있도록 한 행위가 시장 지배적 지위의 남용에 해당된다고 판단했다(제17조 제1항 제4호).

플랫폼 비즈니스 모델은 아직 그 경계가 명확하지 않기 때문에 시장 획정에 어려움이 있고, 새로운 경쟁자가 지속적으로 진입하고 있기 때문에 해당 시장에서 지배적 지위를 유지하고 있는지가 불분명한 측면이 있다. 이는 네이버 창업자인 이해진 글로벌투자책임자(GIO)가 2017년 진행된 국회 국정감사에서 "인터넷이란 곳은 국경이 없기 때문에 옛날 오프라인 시장과 다르게 시장을 볼 때 꼭 글로벌하게 봐야 하며, 싸이월드가 사라지면 그 매출이 작은 기업이나 신문사한테 가는 게 아니라 페이스북이 다 가져간다"고 발언한 것과도 일맥상통하는 면이 있다(≪조선비즈≫, 2017). 이러한 점에서 빅테크에 대한 당국의 획일적인 판단에 우려의 목소리도 나오고 있다. 다만 빅테크의 과도한 영향력 확대는 체제 유지 측면에서도 위협 요인이 될 수 있기 때문에 관련 입법에서 반독점 규제 태도는 지속되고 있다.

## 데이터 독점에 따른 안보 위협

빅테크의 시장 지배적 지위 남용 문제와 함께 소수의 대형 플랫폼 기업이 데이터를 과도하게 수집하고 불공정 경쟁 이슈를 야기하는 것도 심각한 안보 위협으로 받아들여지고 있다. 차오지엔밍(曹建明) 제13기 전인대 상무위원회 부위원장은 중국의 빅테크가 방대한 양의 데이터를 관리하고 있기 때문에 개인 정보 장악, 데이터 소스의 독점, 마케팅 채널 통제 등의 잠재적인 문제를 안고 있으며, 이는 국가 안보에 위협이 될 것임을 지적했다. 이에 빅테크의 데이터 보안 책임을 강화해 데이터 유출 등을 미연에 방지해야 함을 강조했다. 또한 동 위원회 천푸리(陈福利) 위원은 「반독점법」 개정 논의 중 데이터 처리에서 공정 경쟁 이슈가 있음을 지적하며, 불공정 경쟁 금지 및 데이터 독점 금지와 관련된 규정을 추가할 것을 제안했다(이상우, 2021a).

앞서 살펴본 「개인정보보호법」에서도 빅테크의 데이터 독점 이슈에 대응하기 위한 입법 노력이 나타난다. 이 법은 개인 정보 수집을 목적 실현에 필요한 최소한의 범위에 한정했으며(제6조), 개인 정보 처리의 공개성, 투명성 원칙을 강조했다(제7조). 또한 거래 가격 차등과 같이 거래 조건에서 불합리한 차별 대우를 금했으며(제24조), 개인 정보 전송 요구권을 보장해 특정 플랫폼만 데이터를 독점해 불공정 경쟁 이슈를 야기하는 것을 방지하고자 했다(제45조).

## 알고리즘 규제

소셜 미디어에 이용되는 알고리즘은 개인 정보, 행동 데이터에 기반해 유사성이 있는 사람들을 그룹화하고 선택적 노출(selective exposure)을 증대시켰다(선택적 노출이란 자신과 같은 가치를 공유하는 사람들과 관계를 만드는 등의 행위를 말한다－저자 주). 이는 반대 의견을 가진 사람들과의 소통을 저해하고, 양극화, 확증편향(確證偏向)을 심화했다(확증편향은 자신의 가치관, 신념, 판단 따위와 부합하는 정보에만 주목하고 그 외의 정보는 무시하는 사고방식이다－저자 주). 사이버 공격과는 달리 (대체로) 그 행위 자체로는 불법성이 없으나, 동일한 가치관을 공유하는 사람들을 통해 자발적으로 전파되는 만큼 사회적 파급력이 크다. 2023년 1월 11일 세계경제포럼(World Economic Forum, WEF)에서 발표된 '글로벌 리스크 2023(Global Risks 2023)'은 '사회 결속력 약화 및 양극화(erosion of social cohesion and societal polarization)'가 세계를 위협하고 있으며 향후에도 지속될 사회 문제라고 지적했다. AI 기술은 알고리즘을 비약적으로 발전시킬 것으로 예상되기 때문에 이는 사회 문제를 넘어 국가 안보에 심각한 위해를 초래할 가능성도 존재한다(이상우, 2023.2.20.).

이처럼 알고리즘 기술이 중요 안보 이슈로 부각됨에 따라 중국 국가인터넷정보판공실(国家互联网信息办公室) 등은 공동 성명을 통해 2022년 3월 1일부로 '인터넷 정보 서비스 알고리즘 추천 관리 규정(互联网信息服务算法推荐管理规定)'(알고리즘 규정)의 시행을 발표했다. "인터넷 정보 서비스와 관련된 알고리즘 추천 활동을 규범화하고, 사회주의의 핵심 가치관을 증진하며, 국민 · 법인 · 기타 조직의 합법적인 권익을 보호하며, 인터넷 정보 서비스의 건강한 발전을 촉진하기 위해" 제정된 이 규정은 국가 공동체의 안전과 국가를 구성하는 국민 개개인의 안전 보장을 목적으로 하며, 동시에 데이터 경제 시대의 국민 경제 활성화라는 요소도 함께 고려하고 있다.

이 같은 입법 목적 아래 이 규정은 기본적으로 국가 안보와 사회 공공 이익을 위협하거나, 경제 및 사회 질서를 파괴하는 행위를 금했고(제6조), 알고리즘 추천 서비스 제공자의 허위 정보 제작 및 알고리즘을 이용한 인터넷 여론 형성 행위를 제한했다(제13조 및 제14조). 또한 데이터 경제 활성화 측면에서 플랫폼 비즈니스의 중요성을 고려해 포괄적 · 일방적인 규제를 가하기보다는 사용자 태그 관리 강화(제10조), 레이아웃 페이지 관리 강화(제11조), 콘텐츠 중복 제거 및 간섭 방지(제12조), 추천 수 조작 금지(제14조) 등 주된 수범자인 알고리즘 추천 서비스 제공자가 준수해야 하는 사항을 구체적으로 규정했다. 이를 통해 산업에 미치는 악영향은 최소화하고 실효성 있는 규제가 이루어지도록 했다.

빅테크의 데이터 · 개인 정보 독점, 알고리즘을 이용한 선택적 노출 등은 전통적인 국가 안보 관점에서 다루어지지 않았던 영역이지만 빠르게 확대되고 있다. 이는 자국 빅테크도 예외는 아니다. 해당 산업 발전을 저해할 수 있다는 우려도 제기되고 있지만 자국 빅테크의 과도한 영향력 확대 역시 체제 유지에 위협이 될 수 있기 때문에 2021년 알리바바의 반독점법 위반 행위에 대한 3조 여 원의 과징금 부과와 2022년 알고리즘 규제 시행 등 빅테크를 통제하고자 하는 시도는 계속되고 있다.

## 참고문헌


이상우(2021a). 중국 데이터 보안 체계 구축에 관한 연구: 데이터안전법 심의 과정에서의 쟁점 사항을 중심으로. ≪중국과 중국학≫. 57-103쪽.

이상우(2021b). 중국의 빅테크 반독점 규제에 관한 연구: 알리바바 사안에서의 행정 처벌 결정서 해설을 중심으로. ≪법학연구≫. 1-44쪽.

이상우(2022). 중국 알고리즘 거버넌스에 관한 소고: 「인터넷 정보 서비스 알고리즘 추천 관리 규정」을 중심으로. ≪동북아법연구≫. 25-62쪽.

이상우(2023.2.20). 중국 데이터 안보와 딥페이크·알고리즘 규제의 시사점. 중국전문가포럼, https://csf.kiep.go.kr/issueInfoView.es?article_id=49321&mid=a20200000000

조선비즈(2017). 이해진 마지막 말 "구글·페이스북 왜 세금 안 내냐". ≪조선비즈≫, https://m.post.naver.com/viewer/postView.nhn?volumeNo=10314149&memberNo=28162671

Bloomberg(2021). China Fines Alibaba Record $2.8 Billion After Monopoly Probe. https://www.ndtvprofit.com/markets/china-fines-alibaba-group-2-8-billion-in-monopoly-probe

## 06
## 허위 정보 대응을 위한 딥페이크 규제

생성형 AI 기술의 보편화로 누구나 손쉽게 영상 콘텐츠를 생성할 수 있게 되었다.
특히 딥페이크 기술을 활용한 허위 정보(가짜 뉴스)는 중국 체제의 근간을 위협할 수 있기 때문에 2023년 딥페이크 규제를 시행해 이를 규율하기 시작했다.
하지만 기술 발전을 저해하고 표현의 자유를 제한한다는 비판도 제기된다.

AI와 야구?

## 백문(百聞)이 불여일견(不如一見)?

딥페이크란 AI 기술인 딥러닝(deep-learning)과 거짓(fake)의 합성어로, 기존 '영상의 컴퓨터 그래픽(computer graphic, CG) 합성'을 AI 기술로 진화시킨 것을 말한다(이상우, 2023). 딥페이크 합성물이 안보와 관련해 이슈가 된 이유는, 생성형 AI를 통해 쉽고 빠르게 정교한 영상을 제작해 특정 의도를 가지고 대량으로 유포할 수 있다는 점에서 과거와 차이가 있기 때문이다.

초기 딥페이크에 관한 이슈가 유명인의 얼굴을 스와핑(face swapping)하는 음란물(fake porno)에 관한 것일 만큼 딥페이크 합성물과 관련해 음란물이 가장 큰 사회적 문제다. 최근에는 유명인뿐만 아니라 지인 등 일반인을 대상으로 삼는 등 딥페이크 폐해가 확대됨에 따라 우리나라는 「성폭력범죄의처벌등에관한특례법」을 개정해 처벌 규정을 강화했다. 또한 여론 형성 과정에서 객관적인 사실보다는 가짜일지라도 개인감정에 어필하는 것이 더 효과적인 '탈진실(post-truth)' 사회가 도래함에 따라, 딥페이크 합성물이 공직 선거와 관련해 많은 이슈를 낳았다(고선규 · 이재훈, 2020). 민주주의의 꽃이라 불리는 선거의 선거 운동 기간 정치인이 하지 않은 허위 발언을 담은 딥페이크 합성물을 유포해 선거 결과를 왜곡

하려는 시도는 민주주의의 근간을 흔드는 중차대한 문제다. 이에 우리나라는 2023년 12월 개정된 「공직 선거법」에 딥페이크 영상 등을 이용한 선거 운동을 금지하는 규정을 신설했고(제82조의8), 이를 위반한 경우 부정 선거 운동 죄로서 최대 7년의 징역형으로 처벌하게 했다(제255조 제5항).

이 밖에도 2022년 러시아-우크라이나 전쟁 중 항복을 선언하는 젤렌스키(Volodymyr Zelensky) 우크라이나 대통령의 딥페이크 합성물을 제작·유포해 사회 혼란과 불신을 유발하려는 시도가 있었으며, 2023년 미국 국방부가 폭발하는 조작된 이미지가 공개된 후 뉴욕 증시가 급락하기도 했다. 또한 딥페이크 합성물은 사기 및 피싱 범죄에 악용되기도 하는데, 유명인을 사칭한 사기 범죄에 딥페이크 합성이 사용된 사례가 대표적이다. 이처럼 딥페이크 기술이 고도화됨에 따라 국가 안보와 공공 질서를 위협하는 사례가 늘어나고 있다(이상우, 2025).

## 입법 목적과 주요 내용

중국 국가인터넷정보판공실은 공업·정보화부(工业和信息化部), 공안부(公安部)와 함께 딥페이크(深度合成) 기술이 적용된 인터넷 콘텐츠 관리를 강화하고, 국가 안보와 사회의 공공 이익 수호를 위해(제1조), 총 5장, 25개 조항으로 구성된 '인터넷 정보 서비스 딥페이크 관리 규정(互联网信息服务深度合成管理规定)'(딥페이크 규정)을 2023년 1월 10일부로 시행했다.

이 규정의 입법 목적을 알고리즘 규정과 비교해 보면, "국가 안보와 사회 공공 이익 수호"가 추가되었고, "인터넷 정보 서비스의 건강한 발전을 촉진"한다는 내용은 삭제되었다(양 규정 제1조). 또한 적용 범위도 알고리즘 규정은 알고리즘 추천 서비스 제공자에게만 알고리즘을 이용해 국가 안보를 위협하는 행위를 금했으나, 딥페이크 규정은 적용 대상을 확대해 누구든지 딥페이크 기술을 이용해 국가 안보를 위협하는 행위를 하지 못하도록 했다(제6조 제1항). 이러한 점에서 딥페이크 규정이 알고리즘 규정보다 안보 강화에 중점을 두었음을 알 수 있다.

하지만 딥페이크 기술이 악용에 대한 문제만 안고 있는 것은 아니다. 가상 인물인 'AI 앵커'를 활용한 영상 제작, 개인 정보 보호를 위한 얼굴 이미지(안면 인식 정보) 비식별화 처리 등 산업적으로 긍정적인 측면도 있는바, 관련 산업 및 기술 개발을 저해하지 않도록 전면적인 규제를 시행하지는 않았다. 예를 들어 딥페이크 기술이 적용된 콘텐츠에는 '딥페이크 기술이 사용된 사실'을 적시하고 원본을 추적할 수 있는 디지털 표식을 삽입하도록 했고(제16조 내지 제18조), 이에 관한 관리 감독 책임을 플랫폼(딥페이크 서비스 제공자)에 부과해 운용의 실효성을 제고했다(제7조 내지 제13조). 또한 딥페이크 기술에 사용되는 자연인의 얼굴, 목소리는 「개인정보보호법」 상의 민감 개인 정보에 해당되는바, 데이터 3법과의 정합성 제고를 위해 정보 주체(개인)에게 개별 동의를 받도록 했다(이상우, 2023.2.20.).

## 기술의 발전과 표현의 자유

딥페이크 기술과 합성물 자체가 불법은 아니다. 교육 등 건전한 목적으로 사용될 수 있으며, 또한 일부는 헌법상 기본권인 표현의 자유 영역에 해당한다.

기술이 악용될 위험도 있지만, 유용성을 고려하면 결국 사람이 그 용도를 잘 구분해 활용해야 한다. 샘 알트만(Sam Altman) OpenAI 최고경영자(CEO)는 AI 개발을 "내 생애 가장 흥미로운 지적 프로젝트"로 묘사하면서도, 그 위험성을 "유아에게 전기톱을 주는 것과 같다"고 비유했다(KBS, 2024.11.23). 개정된 「성폭력처벌법」은 AI 기술이 활용된 딥페이크 합성물과 기존의 허위 영상물을 구분하지는 않았는데, 딥페이크 합성물이 점차 진짜와 구별하기가 어려워지고 있다는 점을 고려한 것이다. 이에 딥페이크 기술을 포함한 AI 기술 자체를 포괄적으로 규제해야 한다는 의견도 제기되고 있다. 하지만 과도한 규제는 관련 기술과 산업을 사장(死藏)시키는 부작용을 낳을 수 있기 때문에 신중을 기해야 한다(이상우, 2025).

미국 의회에서도 딥페이크 남용과 무분별한 유포의 문제를 해결하려 시도했으나 표현의 자유를 저해한다는 우려에 가로막힌 바 있다(WSJ, 2023.1.8). 우리나라 헌법재판소도 보충 의견을 통해 "'허위 사실의 표현'이 일정한 경우 사회 윤리 등에 반한다고 해서 전체적으로 표현의 자유의 보호 영역에서 배제할 수는 없다. '허위 사실의 표현'도 헌법 제21조가 규정하는 언론 · 출판의 자유 보호 영역에는 해당하되 다만 헌법 제37조 제2항에 따라 국가 안전 보장 · 질서 유지 또는 공공복리를 위해 제한할 수 있는 것이라고 해석해야 할 것이다"라고 밝힌 바 있다(헌법재판소 2010. 12. 28. 2008헌바157). 중국도 「헌법」상 언론과 출판의 자유가 보장되기 때문에(제35조), 이를 규제하는 것이 표현의 자유를 저해하는 것인가에 대한 논의가 있다(蔡士林, 2020). 각국의 입장에 일부 차이가 존재하겠지만 본질적으로 「헌법」상 비례의 원칙 관점에서 깊은 논의가 필요한 문제다.

## AX 시대 국가 안보의 패러다임 변화

정보 통신 기술(Information and Communications Technology, ICT)이 발전함에 따라 사이버 공격에 대응하기 위한 기술 개발과 함께 전통적인 국가 안보의 영역(영토 · 영해 · 영공)이 사이버 공간으로 확장되는 패러다임 변화가 촉발되었다(이상우, 2023. 2. 20.). AI 기술 발전으로 인해 다시 한번 새로운 안보관 정립 필요성이 제기되고 있다. 이 단계에서는 표현의 자유 등 기본권 제한에 관한 문제도 함께 논의하고 해결해야 한다. 중국은 중국공산당이 국가를 운영하는 특수한 체제이기 때문에[당-국가체제(party-state system)라 부른다 — 저자 주], 검열과 통제 등 민감한 이슈를 포함하고 있는 대상을 빠르게 안보의 영역으로 포섭하고 있다.

### 참고문헌


고선규·이재훈(2020). 딥 페이크와 선거 시큐리티: 국가와 글로벌 플랫폼 기업 간 갈등을 중심으로. ≪분쟁해결연구≫. 99-127쪽.

박아란(2019). '가짜뉴스'와 온라인 허위정보(disinformation) 규제에 대한 비판적 검토. ≪언론정보연구≫. 113-155쪽.

이상우(2023). 중국의 딥페이크 규제와 데이터 안보. ≪홍익법학≫. 135-162쪽.

이상우(2023.2.20). 중국 데이터 안보와 딥페이크·알고리즘 규제의 시사점. 중국전문가포럼, https://csf.kiep.go.kr/issueInfoView.es?article_id=49321&mid=a20200000000

이상우(2024) . 중국 사이버 안보 패러다임 변화와 시사점: 인공지능 시대의 바람직한 거버넌스 구축을 위한 제언. ≪명지법학≫. 127-156쪽.

이상우(2025). 인공지능과 신(新)안보규범. 인하대학교 법학연구소 AI·데이터법 센터 편, 『인공지능법2』(558-590쪽). 세창출판사.

KBS(2024.11.23). AI로 만든 뉴스 영상, 혁신인가 위험인가?.

WSJ(2023.1.8). *China, a Pioneer in Regulating Algorithms*, Turns Its Focus to Deepfakes.

蔡士林(2020). "深度伪造"的技术逻辑与法律变革. ≪政法论丛≫. 131-140页.

## 07
# 안면 인식 기술 활용과 기본권 충돌

중국은 안면 인식 기술을 가장 활발히 활용하는 국가이며, AI의 기술이 발달함에 따라 그 활용 폭은 확장되고 있다. 이 같은 성과 이면에는 정책을 뒷받침한 입법이 크게 작용했다.
다만 안면 인식 기술의 특수성으로 인해 다양한 우려도 제기된다.
안보 강화, 기본권 보호 그리고 기술 활성화의 균형 모색이라는 과제를 어떻게 풀어 가고 있는지 최신 법령을 통해 확인할 수 있다.

AI와 윤동주?

## 안면 인식 관련 입법 연혁

사회 문화 측면에서 자연인의 얼굴(人脸, 안면 인식 정보)은 인간의 존엄성을 담고 있다. 즉, 얼굴에는 물리적 측면뿐만 아니라 그 사람의 사회적 신분 · 지위 등 우리가 체면이라고 일컫는 것들을 포함한다(周行, 2021). 중국 「헌법」 제38조는 개인 정보권을 인격권의 중요한 구성 부분으로 인정함과 동시에 개인 정보권의 헌법적 기초를 마련했으며(김종우, 2019), 동조를 기반으로 안면 인식 정보 보호에 관한 규범적 기초를 세울 수 있다. 「민법전」 제1034조 제2항은 자연인의 신체 · 생리 · 행동적 특성과 관련된 '개인 데이터(个人数据)'인 '생체 식별 정보(生物识别信息)'를 개인 정보의 한 가지 유형으로 규정하고 있기 때문에 그에 따라 인식 정보는 「민법전」에 의거해 보호받을 수 있다. 또한 「민법전」 제1036조는 "정보 주체가 스스로 공개하거나 관련 법률에 따라 공개된 정보는 해당 정보 주체가 명시적으로 거절하거나 중대한 이익을 침해하지 않는 한 정보처리자가 민사상 책임을 부담하지 않는다"고 규정한다. 하지만 안면 인식 정보는 고정형, 이동형 영상 정보 처리 기기(예를 들어 CCTV, 자동차의 자율주행을 보조하는 카메라 등－저자주)를 통해 수집되는 것이 대부분이기 때문에 정보처리자의 입장에서는 적법하게 공개된 정보를 수집한 것인지 판단하는 데 어려움이 있다(이건수, 2022).

안면 인식 기술이 급속히 확산됨에 따라 사법 기관은 현안을 다루는 과정에서 법 해석 기준 수립이 시급해졌다. 이에 중국 최고인민법원(最高人民法院)은 '자연인의 인격권(人格权益)'과 중국 국민의 안면 인식 정보 보호를 위해 '최고인민법원의 안면 인식 기술을 이용해 개인 정보를 처리하는 것과 관련된 민사 안건을 심리함에 있어서의 법률 적용에 대한 약간의 문제에 관한 규정(最高人民法院关于审理使用人脸识别技术处理个人信息相关民事案件适用法律若干问题的规定)'이라는 사법 해석(司法解释)을 2021년 8월 1일부로 시행했다(사법 해석이란 사법 기관이 법률을 적용하는 과정에서 구체적으로 법률을 운용하는 문제에 관한 해석을 말한다 — 저자 주).

2021년 11월부터 시행 중인 「개인정보보호법」은 안면 인식 정보를 명시한 별도 규정을 두진 않았으나, "유출 또는 불법적으로 사용될 시 개인의 인격 존엄이 침해당하거나 신변 · 재산 안전에 위험이 발생할 수 있는 개인 정보"인 '민감 개인 정보(敏感个人信息)'의 한 가지 유형에 해당한다(제28조). 정보처리자는 특정한 목적과 충분한 필요성 및 엄격한 보호 조치를 취한 경우에만 민감 개인 정보를 처리할 수 있으며(제28조 제2항), 해당 정보 처리 시 개별 동의 또는 서면 동의를 얻어야 한다고 규정해(제29조), 해당 정보의 보호를 강화했다.

## 규정안의 주요 내용

안면 인식 정보는 정보 유출 시 변경이 어렵고 정보가 수집되고 있음을 인지하기 어렵다는 점에서 타 정보와 구별되는 특징이 있다. 이에 안면 인식 기술과 관련된 법률을 독립적으로 입법해야 한다는 주장이 제기되었고, 중국 국가인터넷정보판공실은 2023년 8월 8일 '안면 인식 기술 응용 안전 관리 규정(시행)(의견 수렴안)[人脸识别技术应用安全管理规定(试行)(征求意见稿)]'(규정안)을 공개해 공중의 의견을 수렴하는 절차를 진행했다. "안면 인식 기술 응용의 규범화"와 "개인 정보의 권익 및 기타 신원 · 재산의 권익 보호", "사회 질서 및 공공 안전의 수호"를 그 입법 목적으로 밝히고 있는 규정안은 2021년 「민법전」 시행 이후의 안면 인식 정보 보호 및 기술 활용에 관한 일련의 입법 과정 연장선에 있다(이상우, 2022).

규정안은 '중국 역내'에 적용되며, 안면 인식 정보 및 기술의 경우 다양한 현행 법령에 적용받을 수 있기 때문에, "법률 · 법규에 다른 규정이 있는 경우 해당 규정이 우선한다"고 명시해 상위의 법적 지위를 지닌 헌법, 법률 등이 규정안에 우선함을 밝히고 있다(제2조). 안면 인식 기술 활용 시 국가 안보를 위협하는 행위 등은 금지되며(제3조), 비생물학적으로 특정할 수 있는 기술 방안이 있는 경우, 반드시 해당 기술 방안을 우선적으로 선택해야 한다(제4조). 사생활이 침해될 수 있는 장소에서는 장비 설치가 제한되며(제6조), 관련 법령에서 규정한 경우를 제외하고는 해당 기술 사용을 강제해서는 안 된다(제9조). 국가 안보, 공공의 안전 또는 자연인의 생명 건강 및 재산 안전의 보호가 필요한 긴급한 경우에는 공공 장소 및 사업장에서 원격 방식으로 특정 자연인을 식별할 수 있고(제10조), 인종 · 민족 등과 같은 민감 개인 정보를 분석할 수 있도록 규정했다(제11조). 또한 "안면 인식 정보를 처리하는 경우, 제공하는 서비스와 무관한 안면 인식 정보 수집을 최대한 피해야 하며, 피할 수 없는 경우, 반드시 즉시 삭제하거나 익명 처리해야 한다"는 조항을 두었다(제18조). 개인 정보의 처리 행위는 개인 정보의 수집 · 저장 · 사용 · 가공 · 전송 · 제공 · 공개 · 삭제 등을 포함하기 때문에(「개인정보보호법」 제4조), 개인 정보의 하나인 안면 인식 정보를 사후(事後)에 즉시 삭제해도 이미 처리(수집) 행위를 한 것이며, 「개인정보보호법」상의 책임을 진다. 상위법인 「개인정보보호법」과는 달리 수집과 삭제 행위에 차등을 두어 의도치 않게 수집된 안면 인식 정보를 즉시 삭제토록 하여, 정보 유출에 따른 추가 피해가 발생하지 않게끔 실효성 있는 조치를 유도했다.

## 안보 강화와 안면 인식 기술의 활성화

규정안도 최신 과학 기술을 규율하는 여타 법령과 같이 국가 안보 강화를 꾀했다. 안면 인식 기술을 이용해 국가 안보를 위협하는 행위를 금했고(제3조), 국가 안보 수호에 필요한 경우 원격으로 특정 자연인을 식별할 수 있도록 했으며(제10조), 또한 민감 개인 정보를 분석할 수 있도록 규정했다(제11조). 이처럼 국가 안보는 안면 인식 정보 보호를 위한 여러 조치의 예외로 다루어진다. 사실 중국이 안면 인식 기술을 적극적으로 활용하게 된 계기가 향촌 지역의 치안 유지 · 관리를 위해 설치된 폐쇄 회로 텔레비전(closed-circuit television, CCTV)을 국가 차원에서 통합하는 프로젝트를 추진한 것에 기인했다는 점을 상기해 보면(이상우, 2022) 국가 안보와 안면 인식 기술은 떼려야 뗄 수 없는 관계다.

개인 정보와 마찬가지로 경제 활성화를 위해서 안면 인

식 정보 활용도를 제고하는 것이 필요하다. 다만 개인 정보와는 구별되는 안면 인식 기술 특징의 이해가 필요하다. 예를 들어 자동차의 (자율) 주행을 보조하는 카메라의 경우 차량 주변 운행 정보를 실시간으로 수집하기 때문에 보행자(정보 주체) 입장에서는 해당 정보가 수집되는 즉시 프라이버시 침해가 발생할 수 있다(Gavison Ruth, 1980). 이처럼 안면 인식 기술은 의도치 않은 정보 수집을 통해 타인의 프라이버시와 개인 정보를 침해할 위험이 있다. 이에 관한 대응으로써 정보처리자 입장에서 수집보다는 이용에 초점을 두고 '책임성 있는 이용'을 강화해, 사용자 책임성을 확보하는 방안을 마련할 필요가 있다는 의견이 제기되고 있다(이대희, 2015). 이와 같은 맥락에서 규정안 제18조는 안면 인식의 기술적 특징을 반영해 ① 제공하는 서비스와 무관한 안면 인식 정보의 수집을 최대한 피해야 하며, ② 피할 수 없는 경우, 반드시 즉시 삭제하거나 익명 처리해야 함을 규정하고 있다. 수집 범위를 최소한으로 하고 의도치 않게 수집된 안면 인식 정보는 즉시 삭제토록 하여 안면 인식 기술 사용자의 '책임성 있는 이용'을 강화하는 방식으로 개인 정보 · 프라이버시 침해 예방 및 정보 유출 등에 따른 추가 피해가 발생하지 않게 했다. 안면 인식 정보에 대한 규율이 처리 행위의 첫 단계인 '수집'에서부터 과도하게 적용되는 것을 지양하고, 불가피하게 수집된 이후에는 정보처리자의 책임감 있는 태도를 요구하는 것에 초점을 맞추어, 실효적인 방안을 마련했다(马俊军 · 王星宇, 2023).

## 앞으로의 과제

중국은 지속적인 입법적 보완을 통해 안면 인식 기술 활성화 정책을 뒷받침한 결과, 기술은 괄목할 만한 성장을 이루었고 해당 산업을 선도하게 되었다(이상우, 2023). 특히 안면 인식 정보 처리 과정에서 불가피하게 발생하는 수집에 관해, 최소 수집의 원칙과 사용자의 책임성 있는 이용을 강화해(제18조), 현행 개인 정보 보호 법체계 내에서 안면 인식 정보가 '보호'에 치우쳐 '활용'이 저해되지 않도록 균형을 모색했다.

하지만 안면 인식 기술 활용을 전제한 입법은 필연적으로 정보가 수집되고 이용되는 상황을 규정하게 되기 때문에, 프라이버시 침해 우려가 강하게 제기될 수밖에 없고 이는 개인에 대한 감시 · 검열 그리고 통제와 결부된다. 우리 관점에서 보면 이는 전통적으로 중국과 같은 특수한 체제에서만 가능한 것으로 생각할 수 있으나, 앞서 살펴본 바와 같이 서방 선진국에서도 AI 기술 발전으로 촉발된 안보 위협 행위를 방지하기 위해서 기본권을 일부 제한해야 한다는 의견도 제기된다. 과학 기술의 발달로 인해 전통적인 국가 안보 법체계에서 다루기 어려운 이슈가 지속적으로 발생하고 있으며, 안면 인식 기술도 예외는 아니다.

## 참고문헌


김종우(2019). 빅데이터 시대 중국의 개인정보보호법률제도 현황과 입법 과제. ≪정보법학≫. 251-291쪽.

이대희(2015). 빅데이터와 개인 정보 보호: 통지와 동의의 원칙을 중심으로. ≪정보법학≫. 127-158쪽.

이상우(2022). 중국의 안면 인식 정보 보호 법체계에 관한 연구. ≪과학기술법연구≫. 139-170쪽.

이상우(2023). 중국의 안면 인식 기술 입법 동향과 시사점: 안면 인식 기술 응용 안전 관리 규정 의견 수렴안을 중심으로. ≪법학연구≫. 191-227쪽.

Gavison Ruth(1980). *Privacy and the Limits of Law*. The Yale Law Journal, 89(3), pp. 421-471.

马俊军·王星宇(2023). 人脸识别法律规范初探:权利属性、保护基础与法律对策. ≪特区实践与理论≫. 60-66页.

周行(2021). 人脸信息立法保护的规范体系建构. ≪中南民族大学学报(人文社会科学版)≫. 128-135页.

## 08
# 과학 기술과 신안보 이슈

첨단 과학 기술의 발전은 전통적인 안보 법제의 변화를 촉구하게 되었다.
2023년 반간첩법 개정을 통해 데이터를 방첩 영역으로 끌어들였고, 2024년 개정된 국가기밀보호법은 기밀의 범위를 확장해 기술 안보 공백을 메우고자 했다.
새롭게 등장하는 안보 이슈에 대한 대응도 중요하지만 그 역작용도 고려해야 한다.

AI와 한의학?

데이터와 AI를 규율하는 기본 법제가 3법에 기반하고 관련 정책 추진의 법적 근거를 제공한다면, 실제로 어떠한 조직 · 체계를 갖추고 이행할 것인지는 거버넌스의 역할이다(이성엽, 2022). 중국의 경우 공산당, 정부 당국, 민간(유관 협회 및 빅테크 등) 간의 협력적 활동에 필요한 관리 체계를 포함해 거버넌스를 구성하고 있다.

중국은 중국 공산당이 국가와 사회를 지배하는 체제이기 때문에 당 조직인 '중앙인터넷안전 · 정보화위원회(中央网络安全和信息化委员会)'가 거버넌스 최상단에 위치하며, 정부 조직인 국가인터넷정보판공실을 이끌고 있다. 국가인터넷정보판공실은 실질적으로 중앙인터넷안전 · 정보화위원회와 동일한 기관이며, 정부 소속일 때는 국가인터넷정보판공실, 당 소속일 때는 중앙인터넷안전 · 정보화위원회라는 명칭을 사용한다. 중국에서는 이처럼 동일한 기관이 당과 국가 기관의 역할을 동시에 담당하는 경우가 있는데, 이 같은 현상은 중국 특유의 당정 관계에서 비롯되었다(손한기, 2022). 「헌법」상 최고 국가 권력 기관인 전인대와 상무위원회는 입법을 통해 당(중앙인터넷안전 · 정보화위원회)이 추진하는 정책을 지원한다. 국무원은 최고 행정 기관으로서 중앙인터넷안전·정보화위원회의 지도를 받아 각 부처 및 산하 기관을 총괄하며, 유관 부처인 국가발전개혁위원회(国家发展和改革委员会), 공업·정보화부, 공안부, 시감총국 등은 협력 관계다(이상우, 2024a).

2021년 중국의 데이터 3법이 완성된 후 기본적으로 이와 같은 거버넌스를 중심으로 관련 법과 정책이 시행되었다. 하지만 최근 3법에 기반한 거버넌스에도 변화의 움직임이 나타났다. 그 첫 번째는 2023년 7월부터 시행된 「반간첩법(2023)」이다. 과학 기술 발전으로 인해 간첩 행위의 주체가 다양해지고, 행위 영역이 확대되었다. 이에 개정을 통해 데이터를 이 법의 규율 대상으로 했다. 결과적으로 「반간첩법(2023)」과 같은 국가 안보 관련 법령의 소관 부처인 국가안전기관도 거버넌스에 추가되었고, 해당 기관을 이끄는 당 조직인 중앙국가안전위원회(中央国家安全委员会)까지 포섭하는 거버넌스로 확대되었다. 두 번째는 '생성형AI임시방법'의 시행이다. '생성형AI임시방법'의 입법 목적에는 3법과 함께 「과학기술진보법(科学技术进步法)」에 의거해 제정되었음을 밝히고 있다. 「과학기술진보법」의 소관 부처는 국무원 산하 '과학기술부(科学技术部)'이며, 해당 부처는 중국의 과학 기술 전략을 총괄하는 최고 의사 결정 기구인 '중앙과학기술위원회(中央科技委员会)'를 지원하는 사무국 역할을 담당한다(이혜진, 2023). 정리해 보면 3법을 기반으로 구성된 거버넌스가 데이터에 초점을 두고 중앙인터넷안전 · 정보화위원회를 중심으로 운영되었다면, DX, AX 시대의 도래로 인해 방첩과 과학 기술 분야 법제 · 개정이 이루어졌고, 거버넌스의 중추도 '중앙인터넷안전 · 정보화위원회 → 중앙국가안전위원회 → 중앙과학기술위원회'와 같이 확대되었다.

## 데이터도 처벌 대상?

「반간첩법(2023)」의 어떠한 규정이 거버넌스 변화의 중요 인자로 작용했을까? 중국은 2014년 11월「반간첩법(2014)」을 시행해 국가안전기관의 간첩 수사 권한을 강화하고 외국 기관과 개인의 간첩 활동에 대한 처벌을 명문화하는 등 간첩 행위와 방첩 업무를 구체화했다. 지난 10년간 과학 기술 발전으로 인해 전통적 · 비전통적인 안보 위협이 더욱 복잡하게 얽히게 되었을 뿐만 아니라(김상배, 2020), 간첩 행위의 주체가 다양해지고, 행위 영역이 확대되었으며, 수법 또한 은밀해지고 있는 시대적 환경 변화로 인해「반간첩법(2014)」보완 필요성이 대두되었다(이상우, 2023).

이러한 수요를 반영해 구법을 개정한「반간첩법(2023)」이 2023년 7월부터 시행되었다. 개정의 가장 큰 변화는 간첩 행위의 정의 확대다. 이 법 제4조 제3항은 국가 안보 및 이익과 관련된 데이터 등의 경우에도「반간첩법(2023)」의 보호 객체가 될 수 있도록 규정했으며, 제4조 제4항은 "국가 기관, 비밀 정보 연루 업체 또는 핵심 정보 인프라 시설 등에 대한 사이버 공격 · 침입 · 교란 · 통제 · 파괴 등 행위를 행하는 경우"도 간첩 행위로 명시했다. 특히 간첩 행위의 정의 확대에 대해 이 법이 국가 안보 및 이익에 관해 별도로 정의하고 있지 않기 때문에 자의적으로 해석될 수 있다는 점과 2001년 1월 22일 시행된 '최고인민법원의 해외에서 국가 기밀 · 정보 절취 · 정탐 · 수매 · 불법 제공하는 사건 심리에 법률을 적용하는 것에 관한 약간 문제의 해석(最高人民法院关于审理为境外窃取、刺探、收买、非法提供国家秘密、情报案件具体应用法律若干问题的解释)'은「형법」제110조의 간첩죄에서 규정하는 정보에 대해 비공개성을 요구하나「반간첩법(2023)」은 이와 무관하게 국가 안보 및 이익 관련 여부로 보호 대상이 될 수 있다는 점에서 우려가 제기되었다(WSJ, 2023.4.27).

다만 산업 전반에서 DX를 통해 비즈니스의 기반이 오

프라인 → 온라인으로 전환되었고, 우리의 일상도 스마트폰을 빼놓고는 생활할 수 없을 만큼 데이터가 보편화되었다는 점을 고려해 본다면, 4차 산업 혁명 시대를 맞이하여 국가 안보가 전방위적으로 확대되는 과정에서 공백을 방지하기 위해 「반간첩법(2023)」에 국가 안보 및 이익과 관련된 데이터를 규정한 것으로 생각해 볼 수 있다(이상우, 2024a).

## 기술 안보 수호를 위한 국가기밀보호법

자국 경쟁력 확보를 위해 없어서는 안 될 기술을 직접 개발하거나 일방적으로 의존하지 않고 국가 간 파트너십을 통해 확보하는 능력을 기술 주권(technology sovereignty)이라고 하며, 이를 수호하는 것을 기술 안보(technology security)라 칭한다. 공급망 재편이 반도체, 배터리, 전기차를 중심으로 이루어진 바와 같이, 기술 주권 확보를 위한 핵심 기술 개발은 안보와 생존에 필수 요소가 되었다. 첨단 기술력을 확보한 국가의 경우, 국제 관계에서의 리더십 유지가 가능한 반면, 기술 경쟁력을 상실한 경우, 기술 추격에 성공한 국가들의 부상을 제지할 수 없는 상황이 초래될 수 있으며, 국가 안보 차원에서 전 영역에 부정적인 영향을 미칠 수 있기 때문이다(이상우, 2025).

미 · 중 패권 경쟁과 AI 등 첨단 과학 기술 분야의 급부상으로 인해, 기술 자립을 위한 국가 기밀 보호의 중요성은 더욱 커졌다. 이에 2010년 개정된 「국가기밀보호법(2010)」을 수요에 맞게 재개정해 2024년 5월부터 「국가기밀보호법(2024)」을 시행했다. 이 법 제64조는 개정을 통해 기대하는 바를 잘 보여 주고 있다. 법 조항을 보면, "기관 및 단위는 직무 수행 과정에서 생성하거나 취득한 국가 기밀에는 속하지 않으나 누설될 경우 부정적 영향을 초래하는 사항에 대해, 업무 기밀(工作秘密, work secret) 관리 방법에 따라 필요한 보호 조치를 취해야 한다. 업무 기밀 관리 방법은 별도로 규정한다"라고 밝히고 있다. 즉 '국가 기밀' 외에 "국가 기밀에는 속하지 않으나 누설될 경우 부정적 영향을 초래하는 사항"을 '업무 기밀'로 정의하고 이에 대한 보호 조치를 요구하고 있는 것이다(이상우, 2024b). 같은 해 9월부터 시행된 '국가기밀보호법 실시조례(保守国家秘密法实施条例)'도 업무 기밀에 대한 관리 감독의 의무와 위반에 따른 처벌 기준을 규정했지만(제73조) 마찬가지로 업무 기밀의 정의가 모호하기 때문에, 당국에 의해 기밀의 범위가 자의적으로 늘어날 수 있다는 우려가 제기된다(SCMP, 2024.2.28.).

특히 이 법이 과학 기술 보호 등을 명분으로 하고 있지만, 2023년 7월부터 시행되고 있는 「반간첩법(2023)」과 함께 내부 통제를 강화하는 토대가 될 것이라는 지적이 있다. 「반간첩법(2023)」이 개정을 통해 간첩 행위에 대한 정의를 확대했고(제4조), 「국가기밀보호법(2024)」도 당국이 자의적으로 판단할 여지를 남겨 두었기 때문에, 결과적으로 사회 전반에 대한 감시와 통제가 강화될 것이라는 비관적인 전망이다(이상우, 2024b).

기술 안보의 대상이 되는 첨단 기술이 이중 용도가 있다는 점에서 안보 공백을 보완하는 입법은 필요하다. 특히 외국 등에 과학, 산업 기술 정보를 팔아넘기는 산업 스파이 행위가 미치는 해악을 목도한 우리 입장에서는 납득할 수 있는 부분도 있다. 다만 첨단 과학 기술을 무분별하게 안보 범주에 포함시키게 된다면, 글로벌 기술 경쟁력 강화, 국제 공동 연구 개발 등 건설적인 협력에 장애 요인으로 작용할 수도 있다. 그 역작용에도 주의를 기울여야 한다.

## 참고문헌

김상배(2020). 데이터 안보와 디지털 패권 경쟁: 신흥 안보와 복합지정학의 시각. ≪국가전략≫. 5-34쪽.

손한기(2022). 중국의 당-국가 체제에 관한 일고찰: 당내 법규를 중심으로. ≪비교중국연구≫. 39-84쪽.
이상우(2023). 중국 개정 반간첩법의 사이버 안보관. ≪비교법연구≫. 297-331쪽.
이상우(2024a). 중국 사이버 안보 패러다임 변화와 시사점: 인공지능 시대의 바람직한 거버넌스 구축을 위한 제언. ≪명지법학≫. 127-156쪽.
이상우(2024b). 과학 기술과 국가 안보: 중국 개정 국가기밀보호법을 중심으로. ≪법학논총≫. 351-382쪽.
이상우(2024c). 중국의 국제 공동 연구 규정에 관한 일고찰. ≪중국법연구≫. 249-280쪽.
이상우(2025). 인공지능과 신(新)안보규범. 인하대학교 법학연구소 AI·데이터법 센터 편, 『인공지능법2』(558-590쪽). 세창출판사.
이성엽(2022). 국가 사이버 안보 법제와 거버넌스의 바람직한 정립 방향: 미국의 사례와 한국의 시사점을 중심으로. ≪행정법연구≫. 239-262쪽.
이혜진(2023). 중국의 행정 개혁과 과학 기술 분야 기본 법제의 개정에 관한 소고: 중국 과학기술진보법과 한국 과학기술기본법의 비교를 중심으로. ≪중소연구≫. 147-180쪽.
SCMP(2024.2.28). Success of China's revised state secrets law depends on widespread publicity and education, says senior official.
WSJ(2023.4.27). China Spy Law Adds to Chilling Effect of Detentions.

## 09
## 생산의 3요소와 데이터

중국은 2020년 데이터를 전통적인 생산의 3요소인 토지, 노동, 자본과 함께 새로운 생산 요소로 규정하고, 2023년엔 국가 전체의 데이터를 총괄하는 국가데이터국을 신설했다. 모두가 잘사는 세상을 만들 수는 없을까? 중국은 데이터에서 답을 찾기 위해 '데이터 20조(数据二十条)' 정책을 추진하고 있다.

AI와 화장품?

## AI 기술 경쟁력과 데이터의 중요성

AI 기술이 국가 경쟁력과 직결되고 있다. ChatGPT로 촉발된 AI 기술 개발 이슈는 비즈니스 영역을 넘어서 국가의 핵무기 보유와 비견될 만큼 안보 차원에서도 그 중요성이 커지고 있다. 이처럼 중요한 AI 기술을 발전시키기 위해서는 AI 모델이 학습할 수 있는 데이터가 확보되어야 한다. 최근 학습용 데이터 부족으로 인해 어려움을 겪을 수 있다는 관측이 제기되었다. OpenAI가 개발 중인 GPT-5는 GPT-4에 비해 8배 이상 데이터가 필요할 것으로 추산되는데 학습용 데이터의 양은 이에 미치지 못할 것으로 보인다(WSJ, 2024.4.1). AI 반도체 공급 부족이 방해 요인으로 작용하고 있는 것과 같이, 이는 데이터가 부족해 AI 개발 속도가 둔화할 수 있는 시기가 멀지 않았다는 것을 의미한다.

이에 빅테크는 AI 학습용 데이터 확보에 사활을 걸고 있다. OpenAI는 GPT-4 개발이 한창이던 2021년, 기존에 수집한 학습용 데이터가 고갈될 위기에 처하자 유튜브(YouTube) 및 팟캐스트(Podcast) 콘텐츠를 무단으로 수집 · 사용했다(NYT, 2024.4.6). 당시 OpenAI 담당자는 저작권 침해 가능성을 인지하고 있었으나 AI를 학습시키는 것은 정당한 이용 목적에 해당한다고 생각해 이 같은 행위를 했다는 것이 밝혀졌다. 더 놀라운 것은 유튜브를 운영하는 구글도 OpenAI의 행위를 인지하고 있었지만, 구글 역시 일부 유튜브 콘텐츠를 자사 AI 개발에 사용했기 때문에 이를 묵인했다는 주장도 사실로 확인되었다.

## 데이터 소유권론 현황과 한계 그리고 중국의 입장

그렇다면 AI 시대에 중요도가 점차 높아지고 있는 데이터는 누구의 것이며, 어떻게 권리를 주장할 수 있을 것인가? 데이터의 자산 가치가 높아짐에 따라 사람들은 관념적으로 데이터가 누구의 것인가라는 의문을 갖게 되었고, 데이터의 법적 귀속 문제를 포괄적 틀로 규율하려는 배경에서 데이터 소유권론이 탄생했다. 하지만 아직까지 데이터 소유권의 개념 요소인 '데이터'와 '소유권' 그 어느 것도 일관성 있게 정리되지 않았고, 데이터에 관한 권리 침해 시 불법행위법에 대한 보호가 가능하다는 이유 등으로 데이터 일반에 배타적 독점권을 도입하려는 시도는 사실상 폐기되었으며, 현재 데이터는 사법(私法) 질서 내에서 산발적으로 규율되고 있다(권영준, 2024).

중국도 데이터 권리 설정에 관한 입법에는 조심스러운 입장이다. 2017년 시행된 「민법총칙(民法总则)」 초안이 작성될 때부터 데이터 소유권 논의는 중국 입법자의 관심을 끌었으나, 성급한 법제화가 디지털 경제 발전을 저해할 수 있다는 우려가 제기되어 "법률에 데이터 및 네트워크가상자산(网络虚拟财产) 보호에 관한 규정이 있는 경우 해당 규정에 따른다"라고만 규정했다(제127조). 그 후 데이터에 관한 분쟁이 급증했음에도 불구하고 2020년 5월 28일 제정된 「민법전」도 해당 규정을 그대로 유지하는 보수적인 입장을 취했다.

국가 차원의 입법이 조심스럽게 진행되는 반면 지방 정부는 적극적인 모습을 보여 주고 있다. '중국법치발전보고(2023)'에 따르면, 2022년 말 기준, 21개 성(省) · 시(市)에서 25건의 데이터 관련 조례가 공포되었으며, 지방 디지털 입법의 성급(省级) 적용률은 67.7%에 달했다. 데이터 재산권에 관한 입법 권한은 기본적으로 전인대와 그 상무위원회에 있으나(「입법법」 제11조 제8항), 이 같은 지방 정부의 활발한 입법 움직은 데이터에 관한 권리 설정 문제가 더 이상 미룰 수 없는 과제임을 보여 준다.

## 새로운 생산 요소로서의 데이터와 데이터 삼권 분할

국가 차원에서 데이터 재산권에 관한 법률이 제정되지

않았지만, 지방 정부에서 관련 입법을 진행할 수 있는 이유 중 하나는 중국이 중앙정부(국무원)과 중앙의회(전인대)가 있음에도 불구하고, 해당 기관은 공산당의 영도에 따라 당의 방침을 집행할 뿐이며, 실질적으로는 공산당이 국가를 운영하는 '당−국가 체제'인 것에 기인한다(손한기, 2022). 입법이 뒷받침되지 않은 정책의 경우도 당의 방침에 따라 법률만큼의 힘을 얻을 수 있다.

2019년 10월 중국 공산당은 제19기 중앙위원회 제4차 전체 회의에서 토지, 노동, 자본, 기술과 함께 데이터를 새로운 생산 요소로 이용해야 함을 제안했다. 우리는 중국을 사회주의 국가라고 칭하는데 경제 측면에서 보자면 사회주의는 일반적으로 토지 등 생산 수단에 대한 공유제(公有制)를 주요 내용으로 하고 있다(강광문, 2018). 중국은 토지에 대해 국가와 집단의 소유만을 인정하고 있다. 이에 도시에 있는 국유 토지의 경우 토지 사용권이 소유권으로부터 분리되어 물권으로 독립되고 시장에서 비교적 자유롭게 유통된다. 이 같은 제도는 중장기 도시 발전 계획을 수립하고 도시의 토지를 효율성 높게 활용하는 데 긍정적인 역할을 했다(김호, 2022).

이러한 경험을 바탕으로 2022년 12월 2일 중국공산당 중앙위원회와 국무원은 '데이터 20조(数据二十条)'라고 불리는 '데이터 요소의 역할을 잘 수행하기 위한 데이터 기반 제도 구축에 관한 의견(关于构建数据基础制度更好发挥数据要素作用的意见)' 발표를 통해 '소유'에 초점을 두지 않고, ① 데이터 자원 보유권(持有权), ② 데이터 가공 사용권(使用权), ③ 데이터 상품 경영권(经营权)으로 분리한 데이터 재산권 운영 메커니즘을 구축했다(제3조). 데이터 삼권(三权) 분할 메커니즘을 통해, 기본적으로 데이터 요소에 관한 각 참가자의 합법적인 권익 보호 제도를 구축·개선하고자 했다(제7조). 데이터 출처자(来源者)가 생성된 데이터를 취득하거나 복제·전송할 수 있는 권익을 갖도록 보장했으며, 보유한 데이터에 관한 데이터 처리자의 관리·통제 권익을 인정했다. 또한 합법적으로 취득한 데이터의 가공·사용권을 인정 및 보호하며, 데이터 수집·가공 등 데이터 처리자의 노동 등 기여를 존중하고, 데이터 처리자가 데이터를 사용하고 수익을 얻을 수 있는 권리를 충분히 보장하도록 했다.

## 국가데이터국 신설과 '데이터 요소 x' 정책의 시행

'데이터 20조'에서 제안한 데이터 삼권 분할 메커니즘이 중국의 디지털 경제 발전 촉진에 긍정적인 역할을 할 것으로 기대되나 실행 주체, 세부 전략 등 구체적인 실행 방안이 미흡하다는 지적도 제기되었다. 이에 중국은 2023년 10월 25일 국가데이터국(国家数据局)을 공식 출범해 데이터 기반 제도 수립 및 데이터 자원의 공유·개발·이용을 총괄토록 했다. 국가데이터국의 신설을 공식화한 이후 중국 당국이 데이터와 관련해 더욱 엄격한 통제와 검열을 진행할 것이라는 우려의 목소리도 나왔으나, 초대(初代) 국장(局長)으로 중국 3대 통신사 차이나유니콤의 최고경영자(董事长)인 리우리에홍(刘烈红)을 선임하는 등, 데이터를 중국 경제의 새로운 모멘텀으로 활용해 디지털 경제를 활성화하기 위한 정책 추진에 주력하고 있다.

2023년 12월 31일, 국가데이터국은 출범 이후 최초로 17개 관계 부처와 함께 '"데이터 요소 x" 3개년 행동 계획(2024~2026년)["数据要素×"三年行动计划(2024~2026年)]'(데이터 요소 x)을 발표했다(国家数据局, 2024). 해당 정책 문건은 '데이터 20조'를 이행하고 데이터 요소의 승수 효과를 충분히 발휘해, 경제 사회 발전에 기여함을 그 목적으로 밝히고 있다. 2026년까지 각 경제 분야에서 효과가 명확하며 영향력이 큰 300건 이상의 시범 사업을 진행할 것이라는 구체적인 목표를 공개했다. 데이터 요소 승수 효과가 발휘될 수 있는 대표적인 산업군으로 산업 제조, 현대 농업, 상업·무역 유통, 교통 운수, 금융 서비스, 과학 기술 혁신, 문화 관광, 의료 건강, 비상 관리, 기상 서비스, 도시 거버넌스, 녹색 저탄소 분야가 제시되었다.

흥미로운 점은 2015년 '인터넷+' 행동 계획 이래 정책 문건에 다시 한번 사칙연산 기호를 사용했다는 점인데, 과거에는 '더하기(+)'였던 반면, '데이터 요소 x'는 '곱하기(x)'를 사용해 승수 효과를 강조했다. 이로부터 약 3개월 뒤인 2024년 3월 5일 공개된 AI 산업 육성책 'AI+(人工智能+)' 이니셔티브가 다시 '더하기(+)'로 표기된 점을 보면, 데이터 요소 활용에 관한 중국 정부의 기대를 짐작할 수 있다.

## 결핍이 혁신을 만든다

코로나19 팬데믹 이후 디지털 경제가 중국 경제 성장의 중요 엔진 역할을 담당하게 되면서, 그 근간이라 할 수 있는 데이터의 중요성이 증대되고 있다. 하지만 미국의 대(對) 중국 제재로 인해 AI 반도체 등의 수급이 용이하지 않은바, 하드웨어의 결점을 보완하고 AI 기술 경쟁력을 확보하기 위해서는 양질의 데이터 중요성이 더욱 강조될 수밖에 없는 상황이다.

이에 중국은 현시점에서 일반적 · 포괄적인 데이터 법제 정립이 어렵다는 것을 인지하고 입법 연구를 지속하는 한편, 우선 정책적으로 데이터를 생산 요소로 편입했다. 기존 '소유권' 논쟁에서 벗어나 데이터 삼권(데이터 자원 보유권, 데이터 가공 사용권, 데이터 상품 경영권) 분할 메커니즘을 구축했다. 결핍이 혁신을 만든 딥시크 사례와 같이 중국 데이터 정책의 성공 여부에도 귀추가 주목된다.

## 참고문헌

강광문(2018). 중국 집체토지소유권(集體土地所有權)의 법적 성질에 대한 고찰. ≪강원법학≫. 1-37쪽.

권영준(2024). 데이터 귀속·보호·거래에 관한 법이 체계와 방향. 이성엽 편, 『데이터와 법』(66-105쪽). 박영사.

김호(2022). 중국의 도시토지소유권제도에 대한 고찰. ≪동북아법연구≫. 1-31쪽.

손한기(2022). 중국의 당-국가체제에 관한 일고찰: 당내 법규를 중심으로. ≪비교중국연구≫. 39-84쪽.

이상우(2023). 중국 국가데이터국 신설 의의와 시사점. ≪법조≫. 273-303쪽.

이상우(2024.5.29). AI 시대, 중국 데이터 정책 동향의 이해. 중국전문가포럼, https://csf.kiep.go.kr/issueInfoView.es?article_id=54085&

mid=a20200000000&board_id=4
NYT(2024.4.6). How Tech Giants Cut Corners to Harvest Data for A.I..
WSJ(2024.4.1). For Data-Guzzling AI Companies, the Internet Is Too Small.
国家数据局(2024),
国家数据局等部门关于印发≪"数据要素×"三年行动计划（2024—2026年)≫. 的通知.
https://mp.weixin.qq.com/s/YyhLQo4lZIFNMiyupdvO1A

## 10
## 생성형 AI 규제와 중국 AI 법 전망

2021년 데이터 3법을 완비한 중국은 2023년 세계 최초로 생성형 AI 규제를 시행하는 등 기술 변화에 발 빠르게 대응하는 모습을 보였다. 그 기저에는 국가 안보와 기술 경쟁력 강화라는 핵심 가치가 담겨 있다.
EU의 AI act, 우리나라 「AI기본법」이 시행을 앞두고 있다. 중국의 AI 법은 어디로 향할 것인가? 그동안의 입법에서 미래를 전망해 본다.

종교와 AI?

## 데이터 3법과 AI의 규율

2022년 11월 ChatGPT가 세상에 공개된 후 전 세계에 AI 광풍이 일었다. AI는 지금 이 순간에도 사회 전 분야에 일대 변혁을 일으키고 있다. 이에 AI를 규율하기 위한 입법 논의도 빠르게 진행되었다. 2024년 8월 EU의 인공지능법(AI Act)이 세계 최초로 발효되었으며, 우리나라도 같은 해 12월 26일 「AI기본법」이 국회 본회의를 통과해 2026년 1월 22일부터 시행될 예정이다. AI Act와 「AI기본법」은 AI를 포괄적으로 규제하는 법으로서 적용 대상이 생성형 AI에만 국한되지 않는다. 반면 중국은 아직 AI를 포괄적으로 규율하는 법이 제정되지는 않았지만, 2023년 8월 15일 세계 최초로 생성형 AI 규제에 관한 '생성형AI임시방법'을 시행했다. 미국이 발표한 AI 행정명령보다 약 1개월 정도 먼저 시행된 것으로 '생성형AI임시방법'의 초안이 2023년 4월 11일에 공개되었다는 점을 고려한다면 ChatGPT가 촉발한 생성형 AI 이슈에 중국이 가장 기민하게 반응했다.

사실 중국의 경우 EU나 미국, 그리고 우리나라에 비해서도 데이터 법제 구축이 늦었다. 앞서 살펴본 바와 같이 2021년 11월 「개인정보보호법」을 시행한 후에야 기본틀을 갖추게 되었다. 다만 '늦었다'는 개념은 상대적인 것으로 반대로 생각해 보면 생성형 AI의 기술적 특징인 ① 데이터, ② 알고리즘, ③ 콘텐츠 생성 및 여론 형성 기능을 각각 규율하는 개별법은 AI 기술이 보편화된 비교적 최근에 제정되어 현재 시행되고 있다. 각각에 대해 살펴보면, ① 생성형 AI는 데이터로 구성되어 있고, 데이터를 통해 학습하고 발전한다는 점에서 데이터(개인 정보 포함)를 규율하는 3법이 적용 가능하다. ② 생성형 AI는 본질적으로 문제를 해결하기 위해 구성된 일련의 단계적 절차인 알고리즘의 특성을 지니기 때문에 '알고리즘 규정'이 적용될 여지도 있다. ③ 생성형 AI 기반 기술이 딥러닝이라는 점을 고려하면 '딥페이크 규정'을 활용할 수도 있다. 또한 생성형 AI를 통해 생성되는 콘텐츠로 인해 이용자 행동에 영향을 미칠 수 있기 때문에, AI를 통해 생성되는 콘텐츠를 이용자의 행동에 영향을 미칠 수 있는 인터넷 정보 서비스라고 본다면, 2018년 11월 30일부터 시행 중인 '여론 속성 또는 사회적 동원 능력을 갖춘 인터넷 정보 서비스 보안 평가 규정(具有輿论属性或社会动员能力的互联网信息服务安全评估规定)'(여론 속성 규정)이 적용될 수 있다(이상우, 2023).

## 생성형 AI 규제의 함의

이와 같이 현행 법령을 통해 생성형 AI 규율이 가능하다는 것은 '생성형AI임시방법'의 준용성 규범을 통해서도 확인할 수 있다. '생성형AI임시방법' 일부 조항은 서비스 제공자에게 현행 법령의 관련 규정을 따를 것을 요구하고 있다. 제7조는 학습 데이터 처리 활동 중 관리 감독과 관련해 3법의 의무를 준수해야 함을 규정했고, 제12조는 생성된 콘텐츠에 '딥페이크 규정'의 표시 의무를 따르도록 했다. 제17조는 여론 속성 또는 사회적 동원 능력을 갖춘 생성형 AI 서비스를 제공하는 경우 '알고리즘 규정'에 따라 관련 절차를 수행해야 할 것을 규정했고, 제21조는 '생성형AI임시방법'의 규정을 위반한 경우 주무 부처가 3법 등의 규정에 따라 처벌해야 함을 명시했다.

그렇다면 중국이 생성형 AI를 규제할 방안이 존재함에도 불구하고 '생성형AI임시방법' 시행을 서둘렀던 이유는 무엇이었을까? 바로 국가 안보 때문이다. 'AI의 대부'로 불리는 제프리 힌턴(Geoffrey Hinton) 토론토대학 교수는 인터뷰를 통해 "생성형 AI로 인한 가짜 콘텐츠가 너무 많아졌기 때문에 앞으로 인간이 진실과 거짓을 구분하지 못하는 세상을 마주하게 될 것이며, 이 점이 가장 두렵다"고 밝혔다(BBC, 2023.5.2.). 특히 중국과 같은 특수한 체제의 경우 국가 지도층과 관련되거나 체제와 사상을 왜곡할 수 있는 허위 정보(가짜 뉴스)가 유포된다면 파급력은 민주주의 체제에서의 그것을 능가할 것이다. 이에 '생성형AI임시방법'은 제4조 제1호에서 사회주의 핵심 가치를 견지해야 하며, 국가 안보와 이익을 해하는 콘텐츠의 생성을 금지한다는 실질적인 입법 목적을 내세웠다(이웅영, 2023). 중국은 새로운 문물이 등장하면 일단 낮은 수준의 법규를 통해 신(新)문물이 넘어서면 안 되는 최소한의 기준을 설정한다. 그다음에 해당 문물의 발전 경과에 따라 점점 더 규제 수위와 범위를 높여 가면서 대상을 법률의 테두리 안에 포섭한다(허욱, 2023.5.8.). 생성형 AI라는 신문물에 대한 최소한의 기준이 국가 안보라는 것을 '생성형AI임시방법'을 통해 확인할 수 있다.

하지만 국가 안보를 강화하기 위해 그 최소한의 기준을 높이는 것 또한 또 다른 안보 위기를 초래할 수 있다. 하버드 벨퍼 센터(Harvard Belfer Center)의 'AI와 국가 안보(Artificial Intelligence and National Security)' 보고서에 따르면 AI 기술 발전은 전쟁 자동화를 위한 전환점이 될 것이라고 전망했으며, 이는 국가 안보의 본질에 근본적인 변화를 가져올 수 있다(임예준, 2019). 1945년 미국은 맨해튼 프로젝트를 성공함으로써 세계 최초의 핵 보유국이 되었고, 이어서 소비에트연방도 1949년 핵 개발에 성공함에 따라 냉전 시대가 도래했다. 과거 핵이 국력을 평가할 때 가장 중요한 지표였다면, AX 시대에는 AI 기술력이 핵에 비견할 만한 역할을 담당할 것이다. 만약 미·중 패권 경쟁에서 어느 한 국가의 AI 기술력이 도태되어 버린다면 현재의 힘의 균형은 급격히 한쪽으로 기울 것이며, 격차를 좁히지 못한 국가는 결국 파국에 이르게 될 것이다. 이러한 측면에서 미국의 대(對) 중국 반도체 규제는 AI의 3대 요소인 데이터, 알고리즘, 컴퓨팅 파워 중 컴퓨팅 파워를 뒷받침할 수 있는 고성능 반도체 수급을 가로막는 큰 방해 요인이다. AI 인프라 기술은 국가 차원의 지원으로도 단기간에 따라잡을 수 있는 것이 아니기 때문에, 이러한 대외 환경 악재 속에서 중국 기업이 기술 격차를 좁혀 가려면 다른 두 가지 요소(데이터, 알고리즘)에서 열위에 처하지 않도록 입법과 정책이 뒷받침되어야 한다. 현실적으로 가능한 방안은 체제를 위협하지 못하도록 최소한의 한계선을 정하되 그 범위 내에서는 자유롭게 개발할 수 있는 규제를 마련하는 것이다. 이에 '생성형AI임시방법'을 시행했고 결과적으로 딥시크 탄생에 일조했다.

## 중국 AI 법과 미래 전망

중국은 2023년 6월 국무원 판공청(办公厅)이 발표한 '2023년 입법 업무 계획(国务院办公厅关于印发国务院2023年度立法工作计划的通知)'을 통해 AI 법의 입법 작업이 시작되었음을 알렸다(中国政府网, 2023.6.6.). 현재 논의되고 있는 내용과 이 책에서 살펴본 관련 입법 동향을 종합해, 중국 AI 법을 예상해 보면 다음과 같다.

큰 틀에서 보면 AI 법도 데이터 3법과 같이 총칙 아래 입법 목적, 적용 범위, 기본 원칙, 거버넌스 등을 규정할 것으로 보인다. 데이터, 개인 정보, 알고리즘 등 현행 법령에서 규율하고 있는 사항은 그대로 유효하기 때문에, 각 규율 대상별 별도의 장(또는 절)을 마련해 이 법의 규정과 각 법령별 이미 규정된 사항과의 정합성을 제고할 것이다. 먼저 입법 목적에는 '생성형AI임시방법'에서 강조한 바와 같이 사회주의 핵심 가치 견지와 국가 안보와 이익을 해하는 행위를 엄격히 금지함을 명시할 것이다. 아마도 이것이 AI를 규율할 때 가장 중요한 국가 안보를 보장하기 위해 중국 AI 법이 제시하는 최소한이 기준이 될 것이다. 또한 적용 범위도 원칙적으로는 '중국 역내'로 한정해 자국 내에 미치는 영향을 통제하되 실효성을 제고하기 위해 역외에서의 활동이 중국 국가 안보에 영향을 미치는 경우 역외 적용이 가능함을 명시할 것으로 보인다[2025년 1월부터 시행 중인 '네트워크데이터안전관리조례(网络数据安全管理条例)' 제2조도 데이터 3법과의 정합성과 국가 안보를 고려해 이와 같이 적용 범위를 규정했다 – 저자 주]. 다음으로 '책임 있는 AI 개발'이라는 기본 원칙 아래 참여 주체에게 각자의 의무를 부여해 규제 공백을 보완하고 적용 과정에서 유연성을 확보할 것으로 예상된다. 이 유연성이 개발자 입장에서는 기술 격차를 좁히기 위한 열쇠이며, 이 기본 원칙이 현행 법령과의 정합성을 제고하는 기준이 될 것이다. 마지막으로 과학 기술의 발전 따라 거버넌스가 '중앙인터넷안전 · 정보화위원회 → 중앙국가안전위원회 → 중앙과학기술위원회'로 점차 확대된 것과 같이, AI의 영향력이 국가 전반에 미치는 만큼 중국의 AI 거버넌스는 다시 한번 변화할 것으로 전망된다.

EU AI Act가 2026년 8월 전면 시행되는 데 반해 우리나라는 2026년 1월 22일 시행될 예정이다. 두 번째로 제정되었지만 시행 일자는 우리가 더 빠를 것으로 예상된다. 하지만 장밋빛 전망보다는 타 부처의 개별법과의 충돌, 향후 하위 법령 제정 과정에서 중복 · 과잉 규제로 변질될 가능성 등 많은 우려가 제기되고 있다(이성엽,

2025.2.8.). 특히 AI 거버넌스를 구축하기 위해서는 부처 이기주의도 극복해야 한다. 우리나라와 중국은 일일이 열거하기 어려울 정도로 차이점이 많다. 하지만 'AI'라는 이름 앞에 공통분모도 적지 않을 것이다. 이 책이 우리나라 AI 입법과 정책 발전에 미력하나마 도움이 되길 희망한다.

### 참고문헌


이상우(2023). 중국 생성형 인공지능 규제에 관한 고찰. ≪과학기술과 법≫. 115-140쪽.

이성엽(2025.2.8). 인공지능 기본법의 분석과 평가. ≪법률신문≫, https://www.lawtimes.co.kr/news/205336

이웅영(2023). 중국의 인공지능 관련 법제 연구: 생성형 인공지능 서비스 관리 임시방법을 중심으로. ≪기업법연구≫. 227-252쪽.

임예준(2019). 인공지능 시대의 전쟁 자동화와 인권에 관한 소고: 국제법상 자율살상무기의 규제를 중심으로. ≪고려법학≫. 265-302쪽.

허욱(2023.5.8). 생성식 인공지능, 가치를 담은 중국식 생성AI. ≪이코노미조선≫, https://economychosun.com/site/data/html_dir/2023/05/08/2023050800030.html

BBC(2023.5.2). AI 'godfather' Geoffrey Hinton warns of dangers as he quits Google.

中国政府网(2023.6.6). 国务院办公厅关于印发国务院2023年度立法工作计划的通知.

## 이상우

인하대학교 AI·데이터법학과 초빙교수 겸 한국과학기술원(KAIST) 문술미래전략대학원 겸직교수다. 고려대학교 전기전자전파공학부를 졸업했다. 칭화대학 로스쿨에서 석사 학위를, 중국정법대학에서 EU GDPR의 역외 적용에 관한 연구로 박사 학위를 받았다.

삼성전자 반도체연구소 선임연구원, 인하대학교 AI·데이터법센터 책임연구원 및 동 대학 법학전문대학원 강사 등을 거쳤다. 한중법학회와 지식재산포럼의 사무총장, 한국국제사법학회 이사로 활동하고 있다. AI·데이터법, 중국법, 지식재산권법이 주된 연구 분야다.

저서로 『인공지능법 총론』(공저, 2023), 『중국 비즈니스와 법』(공저, 2023) 등이 있으며, 『데이터법의 신지평』(공저, 2023)은 2024년 대한민국학술원 우수학술도서에 선정되었다. "중국 국가데이터국 신설 의의와 시사점"(2023) 등 20편 이상의 논문을 등재학술지에 게재했다.